Benyoëtz — Brüderlichkeit

Elazar Benyoëtz, geboren 1937 in Wiener Neustadt als Paul Koppel, lebt seit 1939 in Jerusalem. Er ist Autor zahlreicher Bücher mit Essays, Aphorismen und Gedichten in deutscher Sprache. Sein Werk wurde mit zahlreichen Preisen ausgezeichnet, u.a. mit dem Adelbert von Chamisso-Preis (1988) und dem Joseph-Breitbach-Preis (2002). Benyoëtz ist Mitglied der Akademie für Sprache und Dichtung in Darmstadt. Zahlreiche seiner Werke sind bei K&N erschienen.

Elazar Benyoëtz

Brüderlichkeit

Das älteste Spiel mit dem Feuer

Eine überarbeitete, erweiterte Ausgabe

Königshausen & Neumann

Bibliografische Information der Deutschen Nationalbibliothek

Die Deutsche Nationalbibliothek verzeichnet diese Publikation in der Deutschen Nationalbibliografie; detaillierte bibliografische Daten sind im Internet über http://dnb.d-nb.de abrufbar.

Gedruckt auf säurefreiem, alterungsbeständigem Papier
Umschlag: skh-softics / coverart
Umschlagabbildung: *Brüderlichkeit* Metavel © Renée Koppel, Tel Aviv,

ISBN 978-3-8260-8803-2
eISBN 978-3-8260-8804-9

www.koenigshausen-neumann.de

www.ebook.de
www.buchhandel.de
www.buchkatalog.de

»Noch scheint der Schein,
noch tanzen die Lichter
nicht auseinander.«

Paul Koppel

Es musste einer den Tod
einführen ins Leben,
und er führte ihn ein
und er blieb,
der Tod,
die denkwürdigste Einführung
ins Leben

»Du kannst den gegenwärtigen Tag
nicht recht leben, es sei denn,
du lebtest den letzten.«

Musonius

Wolkenbruch und Regenbogen

Die Sicht ist klar,
ich sehe mich kommen

Auf das Schreiben folgt das Leben,
klein und groß geschrieben

Auch unbekümmert,
lebe ich in der Sorge
und muss mir etwas vormachen.
Dem komme ich nach

»Vieles ist hässlich zu tun,
was doch, vollendet, gefällt.«

Ovid

Denn jeder Tag,
wie immer ausgemalt,
bringt den Gezeichneten hervor

War's nicht gutgemeint, kann es besser werden

Triumphierend
kommt man um den Sieg

»Mit verscheidendem Lächeln
ordnet seine Schätze der Schreitende,
verschliffene Reste vom Vergangenen her,
dass sie zusammengedrängt
auftun ersehnten Glanz.
Schwerlich gibt es andren Besitz
als diese Kleinode
gehäuft auf verdämmernde Kante
einer Gegenwart,
Eroberungen,
Trümmer einstens gerundeter
Seligkeiten.«

Franz Baermann Steiner

»Nur das Beharrliche
wird verändert,
das Wandelbare
erleidet keine Veränderung.«

Immanuel Kant

Leuchtet nichts ein,
hellt sich nichts auf

Hier steht,
was ich weiß
und nicht weniger;
das *mehr* besorgen
die Sprache
und der Leser

Kein Mensch,
der nicht Zeuge wäre,
dazu bestimmt
oder aufgerufen

Zusätze sind gültig,
wenn sie Sätze sind,
die geltend machen können

Wer das Sagen haben will,
muss vom Versagen
sprechen können

Ich bilde mir ein,
denke mir aus,
nehme mir vor
und füge hinzu.
Es zeigt sich:
geprägt, gemünzt –
und ist nicht gesagt,
aber ins Spiel gekommen

VOR

Vor ist Naches,
es ist niemand da

Ich komme von alters her
und nicht dahinter

Dahinter ist die letzte Wand
der Verwandlung

Auch das Undenkbare war uns zugedacht und abgesprochen

Rein von Gedanken
hebt das Denken an:
Kein Vor, kein Nach,
kein Über

»Seltsam ist die Hilfe
aus dem eigenen Gedanken
und erfreuend
wie nichts auf dieser Welt.«

Schiller an Körner

Man denkt zu wenig,
reflektiert zu viel

Beim Reflektieren,
lässt man die Gedanken
nicht stehen,
nicht sitzen,
nur warten

Absicht ist Vorrang und Vorhang

Ich will nichts gesagt,
nur geschrieben haben.
Es soll bei mir stehen

Wahrheit drückt ein Leben aus,
das nicht zu buchstabieren ist

»…es ist alles durchwebt von Vermutung.«

Xenophantes

»Alles spricht, aber es spricht nur,
wenn wir es hören,
die Geräusche – auch die Informationen,
die wir messen,
sind nicht das Wort.«

Ewald Wasmuth

Rückschau ohne Aussicht

Wir wissen, wo es beginnt,
wissen nicht, wie es anfängt

Hineingesucht,
herausgefunden

Macht man sich vor,
kommt man sich nach

Hört's auf,
war's vernommen

Einst dachte man,
ehe man schrieb
und auch ohne geschrieben zu haben.
Das Denken legte sich der Sprache
buchstäblich nahe
und prägte sich ihr ein;
und auch umgekehrt
schmiegte sich die Sprache
dem Denken an,
färbte mit Worten seine Lippen
und blieb an ihnen hängen.
Es war ein freundliches
An-denken,
das dem tintenfasslichen Durchdenken
allmählich weichen musste.
Also büßte das Denken
Mut und Übermut ein,
die Gedanken bekamen dafür
edle Schriftzüge

Das Wort ist Fenster und Vorhang

»So gerne ließe ich die Augen jetzt
wie Kieselsteine aus dem Fenster fallen.«

Christine Lavant

Die Schau –
die sich einbildende Sicht

Wie pathetisch ist schon ein
Gedankenstrich

»In einem Sonnenstrahl,
der die Einbuchtung eines Fensters
mit einem langen Gedankenstrich versieht,
sitzt eine Mumie und strickt ein Kapitel,
dessen Sätze immer das Gleiche sagen.
Sie hat es nicht nötig,
den Blick zu heben.
Die Pförtnerin öffnet vor mir das Tor,
als schlösse sie mich in eine Zelle.«

René Schickele

Dichtung – der Einfall in die Sprache

Das Thema eines Lebens
wird nur einmal angeschlagen.
Um die Höhe
des angeschlagenen Themas
einhalten zu können,
muss man sich
in Variationen darüber ergehen

Der Satz steht nicht für alle Wörter,
die ihn ausmachen,
sie machen noch anderes

Würden Dichter
den Philosophen keine Zitate liefern,
sie blieben Zeitgenossen
und wären um keinen Funken weiter

»Ihm ist darum zu tun,
daß die Reflexion
in solcher Form herauskommt,
wie sie als Zitat sogleich
in den gebildeten Verkehr,
als geprägte Münze
in Umlauf kommen kann.«

Otto Ludwig

Anfang ist nichts, womit man beginnen könnte

Etwas anfangen –
mit etwas,
das schon da ist

Für eine neue Wahrheit
spricht das Neue,
nicht die Wahrheit

Anfang ist nicht da,
wo es beginnt,
sondern wo wir stehen,
zu beginnen bereit

Das Leben ist eine Geschichte;
man muss sie gut erzählen können,
um gelebt zu haben

»Liegt doch immer,
in jedem klugen Wort
ein ganzes System.
Allenthalben ist der Mittelpunkt
des Erkennens,
alles setzt ein Vor und Nach voraus,
und wer beim rechten Anfang anfangen wollte,
der müsste doch schon
den ersten Schöpfungstag
in den dritten Akt legen.«

Ludwig Tieck an Karl Solger
31.März 1815

Was zum Zuge nicht kommt,
kommt zum Tragen;
was zum Tragen kommt,
wird auch schleppend

Überflüssig ist,
was nicht mehr fließt

Man nimmt sich die Zeit
und gibt sie verloren

Das Gedächtnis lässt uns gehen,
die Erinnerung holt uns ein

Dem Erfolg folgend

Fehler kehren wieder, wenn sie echt sind

Niemand erbarmt sich seiner Fehler,
was wären wir aber ohne sie

Fehler haben
ihren fehlerhaften Charme,
der mit der Korrektur vergeht

Das Paradoxe ist dafür gut,
sich selbst in den Griff zu bekommen

Fehler haben ihren Platz,
den sie nach eigenem Recht
verteidigen

»›***Ein wenig Philosophie***
entfernt von der Religion,
viel führt zu ihr zurück.‹
Es ist Bacon, der das
von der Religion gesagt hat;
er wollte andeuten,
dass wir zu ihr zurückgezwungen werden
durch ihre politische Qualität.«

Antoine de Rivarol

Im Anfang war das Wort:
Die Geburt der Ehrfurcht
vor dem An-
und Auszusprechenden

Ich setze voraus
und nehme nicht an

Der Buchstabe, das Buch,
die Blutbuche

Legt die Sprache
ein Wort für mich ein,
habe ich alles gesagt

Ich gehe dir voraus
und lasse dich nicht
hinter mir

Fallengelassene Worte machen von sich reden

»Jeder Einfall eines Künstlers
hat in sich sein Gesetz,
wenn er als reife Frucht vom Baume
gebrochen werden darf,
und jeder Künstler
in sich seinen Kalender,
der ihm zuruft: Jetzt!«

Josef Hofmiller

Das jetzt, mit Verspätung

Das Selbstverständliche
liegt uns auf der Zunge
und will nicht aus dem Mund

»Die Ideologien sind Freiheit,
wenn sie entstehen,
und Unterdrückung,
wenn sie da sind.«

Jean-Paul Sartre

Das Selbstverständliche
ist nicht zu erklären,
darum auch nicht zu befragen.
Vom Selbstverständlichen
haben wir keine Vorstellung

Auch Worte sind Gefallene eines Kriegs

Worte machen Lärm,
Worte machen Krieg,
Worte machen aus –
und nur sinnend Sinn

Alles Gedruckte schweigt;
das bedrückende Schweigen
lässt mich die Silben laut zählen

Habe ich das Wort nicht im Ohr,
nehme ich's nicht in den Mund

Ausgemacht, was statt nicht finden kann

Ich denke in Anfangszeilen
und manchmal Wort für Wort
Wort um Wort;
Wort für Wort
ums Gedachte kommend,
zeilenlang

Ich will gewusst haben
und weiß mich willens

Ich bin mir selbst vorgeschrieben
und halte mich an die Vorschrift

Habe ich mich entschlossen,
stehe ich offen zu Tage

»Das ist unter allen Nationen
immer ein sehr vortrefflicher Dichter,
von dessen Gedichten ein Drittel gut ist,«
sagt Lessing,
»und sagen Sie mir,
ob er unter den guten Sinndichtern
nicht wenigstens der *Unerschöpfliche ist*«

Was du aus dir gemacht,
das kannst du weitergeben

Sicher, blindlings

Dass man zugrunde gehen
und zugrunde liegen kann,
ist das Deutsche im Deutschen

Besessen
Bestanden

Krieg –
die Selbstverständlichkeit
des Friedens

KAIN
Oder:
WOCHE DER BRÜDERLICHKEIT

»Und wieder keine Wandlung
und kein Weg,
und wieder diese Qual
zu leichtgenommen
und allzu viel beklagt.«

Franz Baermann Steiner

»Es wäre vielleicht süß,
abwechselnd
Opfer und Henker zu sein.«

Charles Baudelaire

»Wir sind zusammengekommen,
um diesen Tag miteinander
im Zeichen der Brüderlichkeit zu feiern.
Da gilt es,
ein Warnungszeichen aufzurichten!
Es geht bei dieser Feier nicht, um betuliche
und damit erlogene Brüderei;
es geht nicht um die Befriedigung
von Gemütsbedürfnissen –
es geht darum, zu erinnern,
was Brüderlichkeit ist und gebietet,
es gilt, seinem Inneren einzustücken,
was dieses Wort hier und jetzt bedeutet
und was wir gestern,
jeder an seinem Ort,
damit angefangen haben.«

Carlo Schmid

Maschiach christianisiert
und Christus entmenschensohnt;
die Bibel verdeutscht
und das Deutsch entmendelssohnt –
nur nicht mehr Licht
für diese Heimleuchtung,
da noch das nackte Leben
bloßgestellt wird
für eine Woche
der Brüderlichkeit

Zorn ist die eingeborene Mordwaffe

Spricht man zu sich,
ist es kein innerer Monolog

Man hält Zwiesprache mit sich,
als wäre man sein eigener
Zwillingsbruder

Ist Abel erschlagen,
hält Gott Zwiesprache mit Kain

Jeder kann Messias werden,
keiner Erlöser sein

Im Anfang war das Wort
und Kain wuchs in dieses hinein,
und blieb in diesem nicht stehen

»Unser Innertum?
Wenn wir allein sind:
Selbstianer.
Reden wir mit einem andern:
Anderianer.«

Franz Rosenzweig

Abels Opfer nahm Gott gnädig an,
ihn selbst keines Worts würdigend

Abels Opfer nahm ER
gnädig und wortlos an,
Kain aber löste er die Zunge

Und Kain bot IHM die Stirn
und wurde gezeichnet

»Ihr schlaft noch, stille Straßen?

Warum springen die Steine nicht
aus den bedrohten Mauern!
Lasst ihr die Zeit
in euren Winkeln kauern,
wenn wir dem Sieg
ins Todesantlitz singen?

Der Frieden lügt,
den eure Giebelbogen,
den eure Dächer
auf uns niederdämmern.
Wir werden euch
aus eurer Ruhe hämmern!
Ihr saht die andern,
die vorüberzogen,

und öffnet euch vor uns
noch wie die Gassen,
durch die der Sonntag ging
mit Festgebärden.
Wacht auf!
ihr seid der Weg zur Schlacht!
Wir werden dröhnende Spur
auf euren Steinen lassen!«

Ite Liebenthal

Was man nicht vor Augen hat,
kann man hinter sich nicht bringen

Solidarität entsteht um den Tod herum –
oder gegen ihn

»Alle Schuld nimm du in dich,
gib ihr Antwort, frag sie nicht«

Otto zur Linde

Der Krieg ist handfest,
der Friede mundfaul

Nehme ich mir das Recht,
nehme ich das eines andern,
der ichweit entfernt ist von mir

Ratiorazzia

»Zu den Zügen, die mit am stärksten
am Bilde des Juden hervortreten,
gehört der Rationalismus,
und zwar ein eigenartig
verbalischer Rationalismus.
Gerade darin ist er der deutschen Anlage
schroff entgegengesetzt,
und es ist der ausgeprägt
wortgewandte Intellekt,
dem der Jude ein gutes Teil seiner Erfolge
auf allen Gebieten des Kulturlebens dankt.«

Richard Müller-Freienfels

In der Umkehr geht man sich voraus

Was sich immer wieder ereignet,
muss einmal auch geschehen sein

Ablaufend findet Geschichte ihren Sinn,
aber kein Ende,
das sie begreiflich machte

Von den Erklärungen
kann man nicht behaupten,
dass sie unfruchtbar wären,
denn sie vermehren sich,
doch zeitigen sie weniger
als sie fruchten

Die Akten der Geschichte
verstauben am schnellsten,
sind auch am leichtesten
zu fälschen.
Dann sieht auch eine
gefälschte Vergangenheit
nach Zukunft aus

Die Melodien sind längst verklungen;
er, der Geschichtsschreiber,
versucht noch im Nachhinein
den Ton anzugeben.
Das ist frappierend,
denn es gelingt

Keine Träne zählt,
die nicht von der Größe
eines Mahnmals wäre

»Die Tränen, die alsdann für uns fließen,
werden nicht so heiß sein,
denn die neue Generation weiß weder,
was wir gewollt,
noch was wir gelitten!«

Heinrich Heine an Varnhagen von Ense
Paris, den 5. Februar 1840

Rückschau ohne Rücksicht

An die Wand geredet
und in Sprache verwandelt

»Ihr zaudert und ich gewähre.
Ihr fragt und ich lege
Mosaik meiner Blicke,
die aus versunkenen Worten
Farbe bekommen,
den Verstand der Steine.«

Simon Kronberg

Ausgedacht wie ausgegraben

Was man erfährt,
erlebt man nicht

Zur Ökologie des Fragwürdigen

Was wir vorhatten, liegt weit hinter uns

Das biblische Drama beginnt mit zwei Fragen, die uns nie mehr zur Ruhe kommen lassen sollten. Die eine Frage, die schlechthin spracherste, ist die von Gott an sein eben ins Dasein gerufene Geschöpf: »Wo bist du?« (1. Mose 3,9), was meint: warum hast du dich in den Garten verkrochen, dessen Hüter du doch sein solltest? Hieß es denn nicht gleich zu Anfang und zur Bedingung: »Und Gott der Herr nahm den Menschen, und setzte ihn in den Garten Eden, dass er ihn bediente und hütete.« (1.Mose 2,15).

Nicht nur Gottes Gärtner solltest du sein, sondern auch Hüter deines Paradieses.

Die zweite Frage ist die vom Menschen, in seiner aufdämmernden Fragwürdigkeit, an seinen Schöpfer: »Soll ich meines Bruders Hüter sein?« (1. Mose 4,9).

Mit diesen Fragen traten, betreten, Gott und Mensch aneinander, und trat die Fragwürdigkeit selbst in die Welt. Dass beide Fragen von ihrer Ursprünglichkeit nichts einbüßten, zeigt uns die Woche der Brüderlichkeit, schöpft sie doch ihren Sinn einzig aus diesen beiden Fragen: »Wo bist du, Adam?« Und »Soll ich meines Bruders Hüter sein?«

Nach wie vor sehen wir uns vor sie gestellt; da stehen wir.

Doch spricht Gott nicht mehr zu uns und auch die Welt ist nicht mehr auf unserer Seite

Die Geschichte des Glaubens
ist eine Gärtnergeschichte:
ein Garten Eden,
in dem gesprochen wird;
ein Garten Gottes,
in dem die Stimme
Furcht erweckt
und Zittern macht

Im Garten Eden haben sie sich versündigt,
verurteilt wurden sie im Garten Gottes.
Wie dem auch sei:
Alle Gärten verloren ihren Gärtner

Adam – der Nachgebildete, der Vorgezeichnete

Weil Adam vom Baum der Erkenntnis aß,
wusste Kain schon nicht mehr,
was er tut

Kain wusste nicht,
dass er Abel das Leben nehmen wird,
den Bruder aber wollte er töten.
Wusste er, was er wollte?

Abel ward erschlagen
und die Idee der Brüderlichkeit
trat in die Welt

Sagt man Kain,
denkt man an Abel
und sollte doch
des ersten Menschensohns
gedenken

Adam gehörte noch
zur Monologik der Schöpfung.
Erst Kain wagte Rede und Gegenrede,
Rede und Anspruch.
Er war Gottes erster Gesprächspartner –
nicht allein, weil er der erste Menschensohn war,
auch, weil er sich nicht wie Adam
nur am Wort vergriff.
Er versündigte sich
zwar nicht an der Schöpfung –
Abel war schon ein Gezeugter
und er wuchs unter Kains Augen auf –
führte aber ein Neues in sie ein:
das andere, endgültige Ende

Im Kainsmal
trafen sich zum ersten Mal
Rede und Antwort,
Bitte und Erhörung –
der erste Menschensohn und sein Gott,
den er aus eigener Verantwortung
und aus eigenem Versagen –
auf Biegen und Verbrechen
herausforderte:
nicht mehr in Unschuld,
noch nicht in Schuld –
im Schuldigwerden

Seine Werke und Taten
verantwortet man vor sich
und seinesgleichen;
sein Menschsein kann man aber
vor seinesgleichen nicht verantworten –
das hat Gott uns
mit dem Kainsmal eingeprägt

Am liebenswürdigen
gibt es nichts zu lieben

Kain –
die lebhafteste Erinnerung
an Gott
Oder:
Vom Brodeln der Brüderlichkeit

Vorteile kann man sich erwerben,
Vorzüge werden einem zuteil.
Brüderlichkeit bedeutet
nach der hebräischen Bibel
höchste Verantwortung für den anderen.
Um dies bündig und für das Nachdenken
lohnend sagen zu können,
stellt sie die größten Gegensätze
als Bruderpaare oder Geschwister dar:
Kain und Abel, Jakob und Esau,
Joseph und seine Brüder.
Diese Darstellung hat alle Vorteile,
zu denen auch die Lehre gehört,
dass Vorteile, da sie sich erwerben lassen,
nicht den Ausschlag geben.
Den Ausschlag geben die Vorzüge,
gibt die Vorzüglichkeit.
Abel war Schafhirt,
Kain Diener des Ackers.
Aufeinander angewiesen,
konnten sie einander gut ergänzen:
der Schafhirt den Ackerbauer;
der Bäcker den Milchmann.

Weit und breit
tauchte kein Grund zum Neid auf
und beider Herzen
schienen gegen Missgunst gefeit.
Mag ein Herz aber noch so neiddicht sein,
gegen Eifersucht
ist auch das nobelste nicht abgesichert.
Eifersucht schleicht sich auch dort ein,
wo Argwohn und Missgunst
ausgeschlossen sind.
Neid, wo immer er aufkommt,
hat seinen sichtbaren, greifbaren Grund;
Eifersucht hat keinen sichtbaren Grund
und bleibt darum unbegreiflich.
Sie besteht in der Verblendung
und wütet meist auch blind um sich.
Gegen Vorzüge eines anderen ist man wehrlos;
machen sie sich merkbar,
ist Demütigung ihre Folge;
sind Entsagung oder Totschlag ihr Resultat.
Der Betroffene wird unweigerlich
zum Versager und Verlierer.
Vorteile hingegen sind nie verbürgt
und kennen keine Dauer.
Die schönsten können im Nu
in Nachteile umschlagen.
Neid gilt nur den Vorteilen,
so kann man sich seiner erwehren

»Vorzüge sind oft die größte Schranke
für die Laufbahn eines Menschen.
Ich kenne Männer,
die Päpste hätten werden können,
wären sie nicht große Persönlichkeiten gewesen.«

Christina von Schweden

»Das Langweiligste von der Welt ist die reine,
weiße, durch nichts gefärbte Vorzüglichkeit.«

Theodor Fontane

»Denn solche Stellen begeistern
in stillen Augenblicken zu einem Gebet,
das sich für unsre Umstände vorzüglich schickt,
und erhalten uns zugleich
in der uns nöthigen Wachsamkeit.«

Christian Fürchtegott Gellert

Überlegen, heißt nicht,
besser sein als die andern,
sondern die andern in sich aufheben

Kein Leben, das dem Anachronismus nicht huldigte

Wir leben in der Zeit,
aber nur von Tag zu Tag

Tage verjähren nicht

Man weiß von seinem Leben viel,
und weiß doch nicht,
wohin man lebt

In dem, worin man sich befindet,
kann man nichts tun

Die Bibel erzählt:

»Nach Verlauf der Tage war's,
Kain brachte von der Frucht des Ackers
IHM eine Spende,
und auch Abel brachte
von den Erstlingen seiner Schafe,
von ihrem Fett.
ER achtete auf Abel und seine Spende,
auf Kain und seine Spende achtete er nicht.
Da entflammte Kain sehr,
und sein Antlitz fiel.«

Genesis 4,3-5

Ein Satz auf halbem Weg

»Da redete Kain mit seinem Bruder Abel.
Und es begab sich, da sie auf dem Felde waren,
erhob sich Kain wider seinen Bruder Abel
und schlug ihn tot.«

Genesis 4,8 in Luthers Übersetzung

Buber/Rosenzweig übersetzen:
»Kain sprach zu Abel, seinem Bruder.
Aber dann war's als sie auf dem Felde waren,
da stand Kain auf wider Abel seinen Bruder
und tötete ihn.«

Wir wüssten um die Welt gern,
was Kain mit Abel redete oder zu ihm sprach.
Es ist ein Satz, der das Sagen nicht hat,
den wir uns auch vom Hörensagen
nicht erschließen können.
Was hier an zu Sagendem fehlt,
ist das Ausbleiben der Rede selbst.
Oder: es ist das verfehlte Unternehmen,
mit Worten, die eben erbauten,
zu vernichten

Kain sprach zu Abel,
doch fehlten ihm die Worte
für seine Absicht.
Stockte seine Rede?
War sie nur zu schwach,
um an Abels Ohr zu dringen?
Zeugt der Satz
für einen Mangel der Rede des einen,
des Gehörs des andern?
Kain aber sprach zu Abel,
das steht geschrieben
wiewohl nicht fest;
war also Abel vielleicht nicht bereit,
dem Bruder Gehör zu schenken?

Vom Schenken des Gehörs
soll der nächste Abschnitt heißen,
den ich nicht schreiben werde
ohne Dich.
Ob du das Ohne-Dich
bereit zu denken bist?
Du machst Geschenke,
schenke Dein Gehör,
dann ist mein Wort bei Dir
und ist gesichert mein,
und fragtest du,
was soll das

Ein Satz auf dem Sprung; ein aufgerissener Mund; ein nicht abgenommenes Wort

Hier kam etwas um seine Vernehmbarkeit.
Dieser Ansatz, wahrlich, wäre geeignet,
Mitleid in uns zu erregen,
doch ungeduldige Hände würden ihn,
als nichtssagend, lieber streichen.
Der Scharfsinn schärft sich nur selbst
überall ein.
Dem sich Einschärfenden
leuchtet nur Grelles entgegen,
kein Wort aber ein,
das sein mildes Licht ausgießt.
Der mit ungeduldigen Händen Lesende
wird aller Wegs übersehen,
dass auch mit dem Nichtgesagten
etwas gesagt wird

Stickwort Strickwort

Ein Satz gebildet,
zusammengeschnürt,
entsetzt

Ich höre niemand sagen,
er wolle sich langfassen

Man fasse vieles zusammen,
sich aber kurz

Ein nicht schlanker Satz hat die Seite gegen sich

Auch der Satz hat Wort zu halten

Die Bibel enthält keine Streichsätze.
Das zeigt aufs Schlagende dieser Satz,
den niemand vermissen würde,
bliebe er weg.
Aber welch furchtbare Geschichte war notwendig,
um ihn aufwiegen zu können.
Er musste bleiben, enthält er doch
die schweigende Lehre, die Mahnung.
Das Ausbleibende lässt sich feststellen
und wird im Nu vernehmlich, nämlich:
Es fehlt nicht viel bis zum Totschlag,
eben nur die paar Worte.
Die Mordszene fiel dem Satz ins Wort.
Worte fügen sich zu einem Satz
und auch auf dem Weg zu ihm
lassen sie mit sich reden

Bedeutungen sind Umwege des Wortes
zum Sinn unseres Daseins

Ein Satz gibt immer einen Sinn,
weil er auch immer den Worten
ihre Bedeutung austreibt

Das Motiv, die Nuance

Erster Anlauf:
Aus einem nichteinzusehenden Grund
wurde Gottes Gefallen dem Vorzüglichen zuteil.
Auf Kain und seine Spende achtete ER nicht.
Kain hatte alles und konnte mit allem
kein Gefallen finden.
Aber worin mochte Abels Vorzüglichkeit
gelegen haben?
Vorzüglichkeit liegt immer im Schatten,
in den Schattierungen,
macht sich kaum merkbar,
regt sich in unscheinbaren Worten,
die am Herzen nagen
oder schon auf der Zunge zergehen.
Aller Deutung abhold,
deutet sie sich im Unwägbaren an;
hier im Worte »[von ihrem] Fett«.
An diesem wurde ein Abgrund der Gesinnungen offenbar,
die keine Brüderlichkeit mehr zu überbrücken vermochte.
Vorteile kann man sich erwerben,
Vorzüge nicht.
Kain und Abel –
keiner der beiden hatte Vorteile,
doch hatte einer den Vorzug
und damit war sein Schicksal besiegelt

Zweiter Anlauf:

Es ging nicht, wie sonst,
um Geben und Nehmen und Haben,
sondern um Ehren und Entbehren.
Da zeigte es sich von selbst,
dass der eine gottgefällig war, der andere nicht.
»Kain brachte von der Frucht des Ackers
IHM eine Spende, und auch Abel brachte
von den Erstlingen seiner Schafe, von ihrem Fett.«
Kain war der Erste und tat das Rechte,
allein ohne erkennbare Gesinnung,
und er sollte gerade vorbildlich sein,
war er doch der Erstgeborene
und ging seinem Bruder auch hierin voran.
Es heißt darum natürlich: »Und auch Abel brachte«,
doch welch ein Unterschied!
Das sonst verbindende »und«
unterscheidet sie hier nicht nur,
sondern treibt sie auch schon sanft auseinander.
Bei Abel geht es weder um die Spende
noch um das Rechte,
vollends nicht um eine gefällige Nachahmung,
sondern einzig um die Gesinnung,
wie sie sich an dem einen Wort entzündet,
um an dem zweiten hell aufzuleuchten:
»Und auch Abel brachte [doch aber:] von den
Erstlingen seiner Schafe, von ihrem Fett.«
»Von den Erstlingen« – sein erster Gedanke –
»von ihrem Fett«:
das Herz seines Denkens an Gott

»ER achtete auf Abel und seine Spende,
auf Kain und seine Spende achtete er nicht.
Das entflammte Kain sehr und sein Antlitz fiel.«

Doch auf sein Versagen folgte ein Zuspruch,
und dieser bedeutete
einen nicht zu überhörenden Vorteil für ihn.
Denn nun ergriff Gott das Wort und richtete es,
zu einer ersten Lehre abgerundet,
zum ersten Mal,
an den ersten Menschensohn.
Es ist die große Lehre vom Versagen,
die von Anfang der Zeiten bis ans Ende der Tage
vernehmlich und gültig bleibt.
An Kain war sie ergangen,
an seine Nachkommenschaft
hatte sie sich bewährt,
nun liegt sie an uns
und hält uns zusammen

»Warum verdrießt es dich
und warum sinkt dein Antlitz?
Ist dem nicht so?
Du bringest schöne Gaben oder
du bringest sie nicht,
vor der Türe lagert die Sünde,
und nach dir ist ihr Verlangen;
doch du kannst ihrer Herr werden.«

Gen. 4,6/7; Übers. Arnheim

Dies ist das Versprechen,
das stets dem Versagen
auf dem Fuß folgt:

»Vor der Türe lagert die Sünde,
und nach dir ist ihr Verlangen;
doch du kannst ihr Herr werden.«

Gen. 4, 7

Allein, wenn es um Gott geht,
um das Gefallen vor Gott,
werden alle Lehren vergessen,
selbst die von Ihm eigenwörtlich erteilten

Scham, Wehmut und Zorn
brannten in Kains Herzen,
höhlten es aus, bis es erkaltete.
Das Feld, das er schon lange pflügte,
die Erde, die ebenso lange,
doch weit und breit
die seinige zu sein versprach,
schien ihm nur noch Steine,
nichts als Steine hervorzubringen.
Er hob einen auf
und schlug seinen Bruder tot

Eine lutherbubersche Abschweifung zu Genesis 4,8

»Da redete Kain mit seinem Bruder Abel.
Und es begab sich, da sie auf dem Felde waren,
erhob sich Kain wider seinen Bruder Abel
und schlug ihn tot.«
So in Luthers Übersetzung. –
»Da redete Kain mit seinem Bruder ... «
Eine Wechselrede wird suggeriert,
ein Streitgespräch vielleicht –
darin mit einigen jüdischen Kommentatoren,
wie Raschi, übereinstimmend –,
die Luther mit einem ‚Und'
auf das vernichtende Werk zuströmen lässt.
Buber-Rosenzweig geht es hingegen
nicht um Art und Qualität des Gesagten bzw. Nichtgesagten,
sondern um die Feststellung eines dialogischen Ansatzes.
Dieser wird so stark betont,
dass er nichts mehr zu entbehren scheint:

Kain sprach zu Abel;
der Versuch wurde unternommen,
wenigstens nicht unterlassen.
Diese Betonung erfordert ein ›Aber‹,
und dieses ›Aber‹ rechtfertigt den festen Punkt,
der den Bruder noch einmal umfasst,
ehe er ihn ins Fassungslose entlässt

»Kain sprach zu Abel,
seinem Bruder.
Aber dann war's,
als sie auf dem Felde waren,
da stand Kain auf
wider Abel seinen Bruder
und tötete ihn.«

Die Wahrheit will, dass auch die Lüge von ihr zehre

Kain schlug seinen Bruder tot,
doch Esau war nicht minder
zum Brudermord bereit –

»Und Esau war Jakob gram
um des Segens willen,
mit dem ihn sein Vater gesegnet hatte,
und sprach in seinem Herzen:
Es wird die Zeit bald kommen,
da man um meinen Vater Leid tragen muss;
dann will ich meinen Bruder Jakob umbringen.«

Gen. 27,41

Und wie sprachen Josephs Brüder?

»Da folgte Joseph seinen Brüdern nach
und fand sie zu Dothan.
Als sie ihn nun sahen von ferne,
ehe denn er nahe zu ihnen kam,
machten sie einen Anschlag,
dass sie ihn töteten,
und sprachen untereinander:
Seht, der Träumer kommt daher.
So kommt nun und lasst uns ihn umbringen.«

Gen. 37, 17-20

Alle waren sie, Ruben ausgenommen,
zum Totschlagen des Bruders bereit.
Das wiederum versteht nur ein Träumer
vom Schlage Josephs,
der Realpolitiker Gottes.
Und das war er, Joseph,
der seine Brüder reinsprechen konnte,
da er IHM, Gott,
die Deutung der Träume zusprach und ließ

Brüderlichkeit erfordert harte Prüfungen,
auch Demütigungen, solange,
bis man geläutert hervorgeht.
Dann erst spricht Joseph das Zauberwort:

»Ich bin Joseph, euer Bruder.«

Sechs Nachsätze

Kain für Nazi zu setzen,
ist biblisch wie sprachlich eine Rohheit,
moralisch wie religiös ein Frevel

Der Hass hat nicht nur seine
eigenen lebendigen Quellen,
er hat auch seine Geschichte,
die sich durch keine andere
ersetzen lässt

Der Hass, der dem auserwählten Volk gilt,
gilt zuerst seinem Erwähler
und ist schon darum
nicht aus der Welt zu schaffen

Kain wurde verdammt,
Repräsentant seines Bruders zu sein

Wenn Anfangen nicht möglich,
muss Schluss gemacht werden

Die Zeit währt nicht ewig,
sagt Ewigkeit
dem sie Hörenden

Kain – der erste Enttäuschte der Bibel

Damit die Zeit zum Schlagen komme,
musste einer erschlagen werden

Der erste Tod war der Umriss

Es gab nicht viel zu beklagen,
erst mit Kains Tod trat die Klage
in die Bibel ein,
die Klage Lamechs

Um Abel klagte einzig die Erde,
die Gott in den Ohren noch lag

Kain wird sein Leben
nicht ungestraft beschließen.
Der Erstgeborene hatte noch einiges
für die Menschheit zu tun,
aber auch für Gott zu zeugen.
Kein Wort aus seinem Mund,
das nicht denkwürdig war
und geblieben ist.
An ihrem schieren Anfang setzte Kain
der Brüderlichkeit ein Ende.
Er konnte nicht wissen, was er tut,
aber eingestehen, was er tat:
er führte den Tod in die Welt ein
und sprach der Reue ihr erstes Wort

Erst mit Kains »bin ich denn«
trat Brüderlichkeit in die Bibel ein

Die Flucht vor der Berührung in die Umarmung

Man lasse sich von Umarmungen
nicht verleiten,
auch Brüder umarmen sich.
Ein Kuss aber ist eine Lippenstiftung.
Judas' Kuss war der eines Getreuen
und Geliebten.
Jesus wehrte ihn nicht ab,
und er wusste doch,
dass Verrat diese Lippen färbte.
Indes wäre Judas' Verrat ohne Bedeutung,
hinge er nicht am Kuss.
Wer nicht küssen kann,
wird den Judas [in sich] nicht verstehen;
wer den Judas aber versteht,
wird darum den Wunsch nicht aufgeben,
ein Geküsster zu sein

Die Idee des Verrats ist eine aus dem Kuss geborene

Nie zuvor wurde ein so hohes Ziel,
wurden Zielscheibe,
Aura und Heiligenschein,
wie hier,
mit einem Kuss gezeichnet.
Mit diesem einen
nahm Judas zweier Leben:
Das des Meisters und sein eigenes.
Sein Verrat hing an seinem Kuss,
sein Kuss blieb aber an seinem Verrat
nicht hängen.
Mit diesem wollte er
unschätzbar mehr
als dreißig Silberlinge
ihm hätten bieten können.
Was er wollte?
Sich mit einem Kuss
den Lippen entreißen,
an denen er hoffnungslos hing

Abel – Hewel:
ein Hauch, ein Nichts,
und doch soviel
wie die eigene Seele

Je länger ich über Kain nachdenke,
desto öfter erscheint mir Abel im Traum.
Und Abel sagt mir:
ich bin meines Bruders Seele

»Ich weiß, mein Lieber, nicht,
was schwerer ist:
Ob Abels Tod,
ob Kains langes Leben –
Allein, mich hat mein Gott
mit einem Doppelschmerz,
Mit ZweimalAch,
mit beider Weh bestraft
und mit der Klage um beide.«

Dovid Einhorn

Bist du schon hier, stelle dein Dasein fest

»Jetzt, da die Geschicke es weigern.
könnte ich es wohl.«

Adalbert Stifter

Kommen wir zur Welt,
fährt uns alles Wissen
in die Glieder

Wissen um Wissen
bröckeln wir ab

Vom Tod umgeben,
ist jedes Leben
das Leben

Es icht im du

Der erste Platz
ist für den Zweiten reserviert

Der Zweite
macht Brüderlichkeit wahr
und wett

Das Opfer ist zweischneidig
und kein Wort ist dabei

Ich und du ergeben einen Dritten
der beiden vorangehen müsste

Lass dich auf den Punkt bringen
und mich wissen,
wie pünktlich es ist

Was man zu verstehen gibt,
will man nicht gesagt haben

Im Anfang war das Wort,
habe ich logorhythmisch gedacht.
Jetzt bin ich im Bilde
und färbe ab
und zu
sündlich meines Lebens

Solange man seine Frage stellt.
hegt man keine Zweifel

Nur was einem heilig ist,
bringt echt und falsch zusammen

Was anders kommen soll,
muss anders gehen können

Der Punkt war schon immer
ein Gedanke für sich,
so wurde er auch immer
willkürlich gesetzt

Auch Trägheit hat zu tragen

Empfunden – mit seinem Pfund gewuchert

»Innerhalb des Judentums selbst
erhebt sich ja immer stärker die Frage,
ob Zionismus oder Eindeutschung
die Aufgabe sei.
Dass viele Juden ausgezeichnete Träger
deutschen Volkstums gewesen sind,
wäre ungerecht zu bestreiten,
Mendelssohns Musik,
vieles in Heines Lyrik
ist unzweifelhaft deutsch empfunden.
Rein theoretisch
sind die Fragen nicht zu lösen,
noch weniger aber
durch Hepp-Heppgeschrei.«

Richard Müller-Freienfels

Er wusste nicht,
wohin mit sich,
und machte sich aus dem Staub.
So ist er Dichter geworden.
Einbalsamiert
und ins Leben gerufen

Keiner tut weniger als er kann,
und das ist mehr als er könnte

Man kommt sich nicht bei,
ehe man dabei ist

Dabei – in Massenhaft

Im Rahmen des Möglichen
ist auch der Rahmen
ein eingebildeter

Der Tod geht voraus
und lässt auf sich warten,
ein Leben lang

Ein Wort,
von seinen Buchstaben verworfen,
so komme ich mir vor

Mit sich allein
ist man immer
am Ende

Die Sicht schwindet,
die Ferne verlässt mich,
die Aussicht ist klar

Du sollst Gott fürchten,
das kannst Du nicht,
wenn du Angst hast

Der Weg Gottes
führt durch Wüste
und Verbannung

Bei Gott!
Das ist noch hier

SEM UND SEMELE
ODER:
DIE MORGENRÖTE DER NATION

Geschichte – das Aus- und Eingestandene

Das Problem Israels –
sein Judenalter

Die Träumlichkeit
des Wirklichen

Dem Juden heißt Realpolitik
Ungeduld;
der Israeli erledigt alles
und erreicht nichts

Erblast macht die Schulter Breiter,
dann geht man auch in die Breite

Fahnenweh

Müssen ist die Ausrede des Sollens

Ausdruckslos und unbestimmt,
wie das Wort,
unter dem Judenhasser sich versammeln,
müssen sie sich verlautbaren.
Da ihnen dies nicht gelingen will,
erheben sie die Hand zum Schwur,
verkünden groß –
und Marsch!

Antisemitismus – die Vorwand Dahinterstehenden

»Frankreich wäre verloren gewesen,
wenn seine nationale Idee versagt hätte
und der Antisemitismus
eine Bewegung geworden wäre.
Deutschland wird gerettet sein,
wenn es keinen Antisemitismus haben wird,
denn erst dann –
zeitlich, nicht kausal –
wird die Morgenröte der Nation
sichtbar werden.«

Friedrich Sieburg

Judenhass betrifft die Juden
und deren Lebenswandel,
Antisemitismus meint die Welt,
die eigene,
in der es für Juden keinen Raum gibt

Judenhass ist nicht bloß der älteste,
er ist auch die letzte Vorstellung
von Ewigkeit im Menschen.
Würde er aufgegeben,
es wäre nicht das Ende der Geschichte,
wohl aber das unserer Zeitrechnung

Es ist unangemessen,
wenn ein Israeli von Judenhass spricht.
Hier müsste es aufhören,
Thema und Klage zu sein

Der Israeli ist der einzige,
dem Antisemitismus
nicht Judenhass ist

Sem der Bibel, Sohn des Noah,
Haupt der Nachflutschule,
hätte Bruder der Semele sein können,
Tochter der Harmonia.
Es fehlte nur wenig dazu,
die Antisemeliten fehlten
und der Segen der Eintracht

Wärest du Semit,
könntest du auch Antisemit sein
und du wärest geheilt.
Bist du aber nur Antisemit,
musst du sagen:
Mein Heil kommt von den Juden
und im Anfang war das Wort
und nicht ich

Je unbestimmter die Bezeichnung, desto umfassender die verbrecherische Absicht

Man spricht vom Fremdenhass,
die Juden spart man sich
für den Antisemitismus auf –
Gut aufgespart,
auf immer weitere Sicht

Ich sehe mich sagen
und höre mich nicht

Der Jude wandert
durch deine Blutadern,
er wäre sonst nicht ewig

Das Leben kann nicht übergangen, aber übersehen werden

Notwendigkeit ist keine Not.
Man pflegt seinen Umgang
mit nicht zu Umgehenden

Das Einschlägige muss nicht
aufgeschlagen werden

Der Jude entdeckte das Überall,
aus dem nicht mehr auszuwandern ist

Langsam, bangsam

Antisemitismus –
für mich nichts Neues,
auch kein Ansporn mehr zum Nachdenken,
was für mich aber erledigt,
ist für Sie der Morgen

An René Dausner

Doch davon abgesehen
wird abgesegnet nichts

Der Antisemit – mein Schatten,
den ich weder werfen
noch abwerfen kann

Der Antisemit nimmt mich,
wie ich bin,
und schenkt mir seine Aufmerksamkeit,
ohne mich zu beachten

Die Liebe ist groß
und wächst bis zum Himmel,
der Hass grassiert und dringt ein

»Sind meine Lungen so beschaffen,
dass ich atmen kann
in der Chlorgas-Atmosphäre
des Judenhasses –
oder brauche ich zum Atmen Lebensluft
unter liebenden Himmeln
und weit hinausgerückten Horizonten.«

Wilhelm Michel

Das Selbstverständliche
sollte wenigstens so viel bedeuten,
dass man sich damit
nicht beschäftigen muss

Es war ein weiter Weg;
nun lege ich den ganzen Weg zurück,
in Anfangszeilen denkend

Anfang ist nichts,
womit man beginnen könnte

Es gibt nichts zu verstehen,
es sei, man hatte verstanden

Die Juden haben Anteil
am Denken des Abendländers
und manches Verstehen seines Eigenen
geht auf sie zurück

Was man erfährt,
erlebt man nicht

Kommt das Heil
nicht von den Juden,
dann war im Anfang nicht das Wort

Unwahrschreiblich

Unter Antisemitismus läuft,
was darüber geschrieben wird

Die Weisen des Talmuds
haben ihre Tausend Namen,
die Weisen von Zion sind namenlos

In der Vermutung
liegt des Menschen Kühnheit
und Feigheit

Hass wird entfacht,
geschürt,
gefackelt,
wird zur Fahne
WEH

Unter Antisemitismus
wird der Judenhass
salonfähig gemacht,
da kann er seine schillernde Faszination
ausüben
und wirksam bleiben.
Hass ist »kein Thema«;
Antisemit ist man ungeniert,
hat immer einen Juden
zum »besten Freund«
und also keinen Grund,
für ihn noch etwas übrig zu haben

Bezweifelt und unleugbar

Auseinander geht nur,
was zusammengehörte

Behauptet und beherzigt

Der Zeitpunkt macht die große Zeit

Ob veruntreut und verraten,
ob übersetzt, gefälscht oder vulgär:
das Abendland ist biblisch,
und insofern antisemitisch,
was meint:
sich selbst gefährlich nah

Solange es Jesus im Bewusstsein
des Abendlandes gibt,
ist der Jude kein Fremder.
Wahr ist aber auch,
dass Jesus selbst
als Fremdkörper empfunden
und nur als Sohn Gottes
willkommen geheißen wird.
Auch dem Heiligen Geist
haftet zu viel Jüdisches an.
Man tötete den Juden,
um Jesus loszuwerden.
In diesem Wunsch
waren sich alle Völker Europas einig.
Nicht alle hörten darum auf,
in die Kirche zu gehen,
aber die gingen,
fragten sich nicht mehr,
zu wem

Das Christentum
braucht keine Propheten,
es braucht einen Erlöser,
und dieser muss
dem Haus Davids entstammen,
nicht dem Hause Mohammeds

Möglich, dass der Islam Europa erobert,
doch wird es nicht
kraft des Buches geschehen

Islam mag eine Herausforderung sein,
ist keine Anfechtung

Welch Christ vermag eben noch,
»Du großer Gott!« auszurufen,
sich niederwerfen
auf offener Straße

Bedrohlich ist das Gegenüber,
gefährlich das Nebenan

Ich schaue dir ins Gesicht, es ist schauderhaft

Die Juden sprachen vom deutschen Geist,
die Deutschen vom jüdischen.
So haben sie einander tödlich umworben
und zu Tode befruchtet

Der Zuschlag war der Totschlag

»Gehetzt und gezischelt,
Glut gelegt
und ins Feuer geblasen.«

Conrad Ferdinand Meyer

Auf den Hund gekommen,
wars auch des Pudels Kern

Nicht ausgeschlossen,
dass die Antisemiten
die einzigen Semiten sind.
Kein Jude denkt, kein Jude weiß,
dass er Semit sei,
darum wird er auch
als unwissender genobelt,
gepriesen, gekrönt

Stammvater der Semiten
soll Sem gewesen sein,
ein Sintflut-Überlebender,
wer ist aber der so vererbmächtige
Stammvater der Antisemiten

Die Globalisierung meint die Beute,
nicht die Leute

Das Kommen und das Gehen gehören noch zur Sprache

Denk,
wären wir Juden
alle verbrannt worden,
es wäre mit uns
auch die älteste Erinnerung an Gott
gelöscht

Das mag sein,
magisch ist es nicht

Erinnerung –
Feuerherd des Gedächtnisses

Fanaterra

(Thesen aus dem Jahr 1819)

Henrik Steffens:
»Fanatismus wirkt von innen heraus
und verblendet selbst die Besten.«

»Jeder keimende Fanatismus
erscheint in lockerer Gestalt,
ja häufig liebenswürdig.«

»Den Fanatismus
in seinen Folgen zu bestreiten,
ist unmöglich;
einmal mächtig geworden,
wird er zerstörend;
bis er auf den Trümmern des Heiligsten
sich selbst vernichtet.
Man muss den Mut haben,
dem keimenden Fanatismus
in seiner scheinbar liebenswürdigen Gestalt
zu begegnen
und ihn im Princip zu vernichten.«

»Diese drei Sätze unterschreibe ich
mit voller Überzeugung.«

Johann Friedrich Herbart

Im Gegenteil

Man bedient sich der Sprache
und des Worts,
Diener der Sprache
ist allein der Satz

Hebräische Buchstaben
schreiben mir deutsche Sätze vor

Du wirst von mir alles erfahren,
nicht aber wie ich mir das A denke

Spreche ich von mir,
gehe ich in Opposition
und bin im Gegenteil

Sieht man von sich auch ab,
ist es noch immer eine Absicht

Die Absicht –
der letzte Spiegel
des von sich Absehenden

Dichten,
die Körpersprache
bei Körpertemperatur
schreiben

Es muss ja nicht sein,
es muss ja nicht kommen,
doch einmal angenommen

Ehe du zu argumentieren beginnst,
versichere dich deiner Notausrede

Alles sucht nach seinem Gleichgewicht – in dir

»Da siehst du, wie ich schreibe:
wie lauter Hamerschläge!
Ich kann's nicht ändern,
es stößt und treibt mich dazu.
Für seidige Sätze und silbrige Reden
bin ich nicht glücklich genug.«

John Keats an Fanny Brawne
Winchester, 16. August 1819

Der Nächste, den die Bibel meint,
ist der andere, den wir nicht sehen

Es gibt kein Leben, dessen man sich bedienen kann

Es gibt das Leben in Welt und Umwelt
und es gibt das Leben im Leben,
das sich ereignet und nicht stattfindet,
uns aber passiert

Zaudervoll verhiert
und dunkelheutig

Einen weiten Lebensweg
in Anfangszeilen zurückgelegt

Im Anfang war der Satz,
kein Wort sprach dagegen

Satzzeichen machen verständlich,
was missverstanden werden sollte

Lebt man auch nun vor sich hin,
ist doch jemand da,
den man vor sich hat

Man hat das Leben,
das man erzählen kann,
und das Leben,
das man denken muss;
gelebt wird
von dem Mund in die Hand

Die Sicht macht das Ansehen aus

Überlegen, heißt nicht,
besser sein als die andern,
sondern die andern in sich aufheben

Das Heute will nicht heraus,
es hält sich ans Gestern fest,
übermorgen
lässt es von sich hören
und zeigt sich

Erinnerung holt uns
in ein Gedächtnis zurück,
das uns entlassen musste

Das Heute bleibt Nachricht

Ich komme in die Irre,
das ist die große Stadt

Wer ich bin?
Der mir ähnlichste Mensch

Die deutsche Sprache zu mir:
Ich lasse dich laufen –
über Stolpersteine

IN ERINNERUNG GEDACHT

Für Harald Weinrich

»Fünf mutige Vögel verpflanzen
das Herz ins Gedächtnis.«

Christine Lavant

Für uns ist Beginnen der Anfang;
am Anfang steht die Erinnerung

Was nützt Vergebung,
soll sie vergessen machen,
was uns allein zusammenhält:
die Erinnerung

Wir wurzeln im Traum,
wachsen in die Wirklichkeit,
verästeln uns in der
Erinnerung

Erinnerung –
die Gegenwärtigkeit des
Ausbleibenden;
das Gewissen der Ungewissheit;
der Toten Lebensquell

Erinnert – in sich gegangen

Das Wort eröffnet das Tor zum Erinnern
wie das zum Vergessen.
Die Erinnerung muss frisch sein,
damit auch das Vergessen sich erneuere.
Versäumte Gedanken werden in Erinnerung gedacht.
Was Erinnerung wird, hört auf, denkbar zu sein.
Erinnerung ist kein treuer Spiegel,
sie gibt aber ein wahres Bild dessen,
was sich nicht widerspiegeln konnte

Das Gedächtnis hält die Erinnerung nicht aus.
Man erinnert sich des Gedachten,
gedenkt des Erinnerten nicht.
In den Ausschweifungen der Fantasie
findet sich die Genauigkeit wieder,
die der Erinnerung so gern und glückhaft
abhandenkommt

Erinnerung,
die erblindende Sehnsucht

Die Erinnerung befähigt uns,
auch für die Toten
zu schreiben

Dasein und davon;
Wort am Lippenhang –
eine einzige Erinnerung
in tausend Gedanken
zerschlagen

Du magst gestorben sein und lange tot,
Erinnerungen bleiben im Streit um dich,
und jeder, der will, kann behaupten,
es habe dich gegeben

Erinnerung ist ohne Gedächtnis;
sie folgt dem Wunsch,
sich noch einmal kommen zu lassen.
Erst in seinen Erinnerungen
ist der Mensch endlich bei sich.
Nicht lebt der Tote in der Erinnerung,
die Erinnerung ist die Form seines Fortlebens.
Mit dem Verlassen seines Daseins
tritt der Verstorbene in Erinnerung.
Wir erinnern uns nicht,
wir werden für diese Erinnerung empfänglich

In der Erinnerung fordern die Toten unser Leben

Opfer werden noch in Erinnerung gebracht

Mit der Erinnerung geben wir den Toten
ihre Nahrung,
mit der Sehnsucht
entziehen wir sie ihnen wieder

Erinnerung macht vergessen

Erinnerung –
das sich hier ansammelnde Jenseits

Über viele Erinnerungen,
über die Erinnerung vieler
verstreut

Mein Leben –
ein Zerfallen in Erinnerungen,
die nicht einmal zu Papier
gebracht werden können

Erinnerung – Heimholung

Um bei uns angelangen zu können,
müssen wir den Umweg
über die Erinnerung einschlagen

Jedem entsteht in seinen Erinnerungen
die eigene Mythologie,
am Ende wird er sein eigener Mythos,
der in der Erinnerung anderer
zerstört wird

Die lebendigsten Erinnerungen
gelten den Toten

Erinnerung – unser Anschluss an die Vergänglichkeit

Auch die unglücklichste Erinnerung
ist noch ein Schein des Trostes

Was in Erinnerung bleibt,
lässt sich nicht veräußern

Wir haben gemeinsame Erinnerungen,
aber keine Erinnerung gemein

Das Gedächtnis lässt uns gehen,
die Erinnerungen geben uns das Geleit

Auskunft gibt einzig das Gedächtnis

Zukunftsmüd eilen wir
unsern Erinnerungen entgegen

Was wüsste ich noch von mir,
ohne das Zuflüstern der Erinnerung

Sich in Erinnerung bringen –
Kunst;
sich selbst vergessen machen –
Meisterschaft

Alterserinnerungen sind Schlaflieder

Vier Fußnoten und ein P.S. zur Hauptsache

Das Gedächtnis wird ausgebaut,
die Erinnerung ausstaffiert

Das Gedenken ist –
allen Gedenkreden zum Trotz –
aphoristischer Natur

Aphorismen sind
anschlussfeindliche Gedanken

Das Fehlende hat im Fehlen
seine Bedeutung

Geschichte –
das Auf- und Abgehoffte

Die Zeit läuft davon,
wir bleiben nicht zurück

Man macht seine Fehler
und kann sie noch besser machen

Das ist alles
und alles ist Das

Gedanken, wie Eier gelegt,
es kommt ein Aphorismus heraus

Das Essen vom Baum der Erkenntnis war die Bereitschaft zum Auswandern

In aller Welt geraten,
das Überall entdeckt
und da bei Gott geblieben,
vertempelt,
galutiert

Galut – das Überall
und die Nahsucht zugleich

Galut –
das Überall,
aus dem nicht mehr
auszuwandern ist

Sem ist der Semele ähnlich,
Tochter der Göttin der Eintracht.
Dass der Antisemitismus
nichts Wahres an sich hat,
ist daran zu erkennen,
dass er sich wohl übertragen,
aber nicht übersetzen lässt;
dass seine Aussagen
stereotyp bleiben,
austauschbar sind,
nur selten einmal
Selbstdenken zeitigen

Der Mensch, auch der dichtende,
zeigte sich bereit,
die Sprache zu zerschlagen,
um der ihr innewohnenden Erinnerung
zu entkommen.
An dieser Bereitschaft muss das nun,
was an Menschenwürde noch erinnert,
gemessen werden

»Dass ich als Jude schreibe
ist die ganz undiskutierte Voraussetzung,
genauso undiskutiert
wie dass ich als Franz Rosenzweig schreibe
und daher kommts auch,
dass ich in diesem Buch
ganz ruhig in Chiffern schreibe,
viel mehr als irgendein Leser merken kann.«

Franz Rosenzweig an Eugen Roenstock
5.X.18

Der Jude gäbe meinem Werk keinen Sinn.
Nur ein deutscher Leser,
der mir so weit entgegenkommt,
wie ich seiner Sprachwelt,
lässt mein Werk
keine vergeudete Liebesmühe sein

SKRUPEL

»Und bin mein eigener Besuch
und bloß zu Gast bei mir,
bei meinem fremden Namen.«

Jakob Haringer

»Pfeile die mich gar nicht trafen,
lass ich schrecklich mich verwunden.«

Lope de Vega

Die Stimme spricht

»Tut, was ich von euch verlange.
Bleibet dort und wisset.«

Was suchst du, Entwirter, bei uns,
in der »schwestersprache der edda,
der tochtersprache der bibel«?
– Das Pathos verlorener Schatten;
das Hieb- und Stichwort
tiefschürfender
Scharfrichter;
das für eine Zunge kaum
oder nur
noch
Nennenswerte

Du verstellst mir meine Ahnung von Dir

Erhebe nicht Anspruch auf Erbschaft –
sei Erbe

»Du bist mir im schnellen Einfall überlegen,
denn du hast manches erdulden und noch mehr
abwehren müssen.
Ich hingegen,
im unsicheren Schutz der Obhut
aufgewachsen,
habe ein zögerndes Hirn –
ein schwankendes Verhalten –
keine Kraft in der Liebe
und nur undeutliche
Abneigungen.«

Hans Henny Jahnn

Die mir einst übergebenen Schlüssel
eigneten sich nur zum Schließen

»Das Wirklichste an den wirklichen Juden ist,
dass wenigstens Europa
nichts mit ihnen anzufangen weiß.«

Jean-François Lyotard

»Judensprache hat etwas Pathetisches.«

Goethe

»und was ich sage geschieht in längst
verschwundener Rede.«

Hermann Broch

Ist Gott der Weg,
muss er angegangen,
ist ER das Ziel –
muss er angetroffen werden

Ohne Gott geht keine Rechnung auf,
mit Ihm darf nicht gerechnet werden

Gott –
mein Alphabethaus

In Gottes Hand
und nicht in aller Munde

Sprache – Spielraum des Lebens und des Überlebens

Nicht jedem ist Sprache
die Mutter,
die gern mit ihm spielt

Sprachspiel,
auf das Wörterbuch hin;
Sprachspiel
zur Musikgeschichte gehörig

Es gibt Worte, die Gott erreichen,
keine, die Ihn berührten

Gott ist nicht der Geschriebenstehende,
und doch muss er gelesen werden

K[OPPEL]
ODER:
DIE FEHLGELEITETE INITIALZÜNDUNG

Dem Gedenken
an Paul und Sophie Schick

In Laufschrift

Mein aphoristisches Denken forderte von mir,
dass ich die Machtgelüste der Worte
vom Zauberspiel der Sprache
scheide und fernhalte.
Ich sollte ein reines Sprachorgan sein
und ohne Einfluss bleiben.
Ich aber war Imperator, und gerade dabei,
die letzten Provinzen des Hebräischen
für meine Poesie einzunehmen.
Ich gedachte nicht,
meine Eroberungsfreude und Herrschsucht
aufzugeben, geschweige denn
mein Reich zu verlassen.
Indes blieb die Forderung meines Denkens,
mehr beunruhigend als anstachelnd, bestehen.
So musste ich zuletzt von meinem Ross herunter,
zu Fuß gehen;
mit eigenen Fingern die Worte
für das tägliche Brot der Rede kneten;
nach Deut-Mein-Sinn
im Deutschen Fragen;
von vorn also beginnen, mit Bedacht
von Anfang an

Da wollte ich nicht nur sehen,
ob ich etwas zu sagen hätte,
sondern auch,
ob es einen für mich bestimmten,
noch leerstehenden Platz
in der jüdischen Literaturgeschichte gibt.
Nein, ich wollte kein deutscher Dichter sein,
auch nicht mit deutschen Dichtern
um Rang und Namen wetteifern.
Rückwärtsgewandt tat ich so,
als könnte ich Zeitgenosse meiner Sehnsucht sein,
als würde ich meinen Platz
zwischen Kafka und Kraus
einnehmen können.
Im Letzteren habe ich mich geirrt,
dabei aber die auf mich wartende Lehrstelle gefunden.
Dies nun ist mein Werk,
denn das habe ich vermocht –
»voll weisem Tiefsinn, aber ohne Gegenwart.«

An Conrad Wiedemann.
Jerusalem, 26.5.1992

Die Idee gab mir das Wort,
ich brachte es zur
Besinnung

Zum Gehalt eines Worts
gehört die Dauer, in der
es gehalten wird

»Mein Gedächtnis schleift alle Messer
am Stein des Gedenkens.«

Christine Lavant

Dichten,
die Zukunft mit Zitaten belegen

Das Zitat muss nicht passen,
aber glücklich gefunden sein:
»Du wirst hervorgerufen und bewährt
bist du in deiner Unentbehrlichkeit.«

Ludwig Uhland

»Unsere Sprache ist viele Male
durch die Schule der Antiken
und der Romanen gegangen.
Die Bibel in der Hand des Volkes
hat ihr seit vier Jahrhunderten
Erde und Himmel morgenwärts ausgespannt
und sie wunderbar Reden und Dichten gelehrt.«

Rudolf Pannwitz

Was will von mir die deutsche Sprache?
Dass ich aus ihr mein Bestes mache.
Da gibt es nichts, was auf den Reim
gebracht werden will

Einsamkeit ist indiskutabel

Mit meinen deutschen Freunden
kann ich die besten Selbstgespräche führen.
Haben sie sich denn nichts zu sagen,
dass sie immer den Dialog suchen müssen

Komme ich ohne Wahrheit aus,
bedarf ich nicht der Lüge

Perfekt ist inhuman und kunstwidrig

»Der Zustand, in dem man dichten kann,
ist eine Summe, die die Natur
in einem nur von Zeit zu Zeit
zusammenbringt,
abhängig von allem, was in einem zählt.
Und manchmal geht einem
aus Miss- oder Ungeschick eben
etwas davon verloren
und dann kommt die Summe
nie wieder zustande.«

Christine Lavant

Des Dichters Lebenswerk:
Das eine Gedicht,
auf viele verteilt,
von keinem vollendet

Deutungen zwingen das Gedicht,
so zu bleiben,
wie es im Buche steht

Die Gründe liegen auf der Hand, doch nicht von Kopf bis Fuß

Das goldene Kalb –
Israels erstes Kunstwerk,
gleichsam die Geburt der Frage:
Goldenes Kalb oder Steinerne Tafeln

Das goldene Kalb –
Israels erstes Kunstwerk,
das zweite war schon
die Stiftshütte

Was nach allen Antworten bleibt,
ist die Frage

Das je und je Versäumte ist von Ewigkeit

»Aus dem, was Andere dichten, sehe ich,
was alles ich nicht gedichtet habe,
wie viel ich ungedichtet habe lassen müssen
in der Gewalt des Dämons.
Und es bestand doch eigentlich,
als wir begannen,
die Verpflichtung,
Alles, Alles zu dichten.«

Alfred Mombert

Aufschreiben – bewahren;
niederschreiben – loswerden

Meine Poetik des EinSatzes
ist mein Gedicht;
sie ist darum auch die einzige,
die in sich aufgeht

Man kann nicht ein konsequent Eigener, nur ein konsequent Anderer sein

»Pierre Louys zum Beispiel
konnte überhaupt nur dann arbeiten,
wenn das Blatt keinerlei Verbesserung aufwies;
sobald er seinen Text korrigiert hatte,
hielt er inne, nahm ein neues Blatt
und schrieb die Stelle,
die er hatte verbessern müssen,
abermals ins Reine.
Diese Wiederholungen waren häufig,
denn für einen so gewissenhaften Schriftsteller
waren die Gelegenheiten zahlreiche,
wo er das Gefühl haben konnte, fehlerhaft zu sein.
Es ließe sich eine schöne Studie schreiben
über den Skrupel in der Literatur.«

Paul Valéry

Für mich sprechend,
gehe ich, sprechend,
in Opposition

»Er hat Gedichte geschrieben,
in denen viel über Gott steht,
aber Gedichtschreiben
ist ein höfliches Gewerbe
und so wenig die Verszeile
an den Rand des Blattes kommt,
so wenig kommt die Seele
ganz an den Rand…
In Prosa sich auszutoben,
geht eher an,
das Vaterunser ist doch auch
in Prosa geschrieben.«

Arthur Holitscher

»Kein Wort, das nicht durchs Feuer müsste,
auch das geringste Wort
hat eine Feuerprobe zu bestehen.«

Lazarus Trost

Seine Fehler bedauern heißt, sie ein Leben lang verteidigen

Dass Fehler sich korrigieren lassen,
besagt nur,
dass es auch korrigierte Fehler gibt

»Aber es sind höchstens die kleinen Fehler,
denen durch Belehrung vorgebeugt werden kann.
Die großen liegen so tief
in der Natur der Menschen,
dass sie gemacht werden müssen,
und es ist schon ein seltenes Glück,
wenn sie hinterher die Erkenntnis zurücklassen,
dass sie Fehler waren.«

Ludwig Bamberger

Vollkommen –
wenn alle Fehler am rechten Fleck sind

»Dich glüht dein Irrtum rein.«

Ernst Stadler

Beim Abschluss dieses Büchleins

(Lag-baOmer 5752/21.5.1992)

Es genügt nicht,
dass ich aus meiner Not
eine Tugend mache;
es muss meine Not sein,
meine Tugend werden

Das Leben wächst mit seinen Schatten,
doch nur bei Licht besehen

»Auch das Unaussprechliche
wird ausgesprochen.
Wer mit der Sprache umzugehen weiß,
wird sich nicht beschweren,
dass sie ihm den Dienst verweigere.
Es liegt nicht an ihr
sondern ist eine unvernünftige Forderung
dass durch Mitteilung etwas erschöpft werde
aber unverändert bleibe.
Das Mitteilen ist halb Wiederholung
halb Zeugung.
Sein unschätzbarer Gewinn
ist nicht ohne Verlust.«

Rudolf Pannwitz

Ich muss mir
keine Sorgen machen,
sie sind gemacht

Ich habe zu treffen,
nicht festzustellen,
ob ich getroffen habe

Schwäche bittet um Verständnis,
Stärke erzwingt es.
Bis ich stärker bin,
muss ich mich
auf meine Schwächen stützen
und Gott ins Gebet nehmen

Bestimmungen sind unerhört

Betlehem,
das Beten ums tägliche Brot

»Jeden Morgen zu Gott beten,
dem Füllhorn aller Kraft
und Gerechtigkeit.«

Charles Baudelaire

Steht dir keine Träne bei,
ist dein Beten ausgetrocknet

Groß ist der Beistand einer Träne

Respektakel

Neulich sagte ich Neues

Du sollst von mir träumen,
nicht von mir denken,
ich sei Hohepriester,
ins Deutsche vertempelt

Lass mich auf mich zurückgehen,
es ist ein weiter Weg

Ich bin im deutschen Sprachfeld
die Feldmaus
und ein Wolkenhüpfer

DELLYRISCH

Für Jonathan

»Im Rhythmus des stets
zu der ihr eigenen Form
zurückkehrenden Schwankens!«

Schiller an Körner,
23.2.1793

»Das Geistige eines Kunstwerks
besteht nicht darin, über was es spricht,
sondern zu wem es spricht.«

Moritz Heimann

Rein gefühlsmäßig sind Gefühle nicht am Leben zu erhalten

»Ich persönlich hege tiefen Abscheu
vor den Erregten und den »Lyrischen«,
wie vor diesen hässlichen, kleinen Terriern,
die einem das Zittern mitteilen,
das ihren armseligen Körper erbeben lässt,
wenn sie die Pfoten auf einen legen.«

Paul Claudel

Apologoetisches

»Derjenige, der sich mit Einsicht für
beschränkt erklärt, ist der Vollkommenheit
am nächsten.«

Goethe

»Wer hätte mit mir Geduld haben sollen,
wenn ich's nicht gehabt hätte?«

Goethe

Zitate beleuchten unsere Lage
und setzen uns zugleich
in ein besseres Licht

Auch das Wirkungslose
verfehlt seinen Eindruck nicht

Je kürzer der Text,
desto ungeduldiger der Leser

Der Aphorismus leuchtet
wie ein erster Funke ein
und hält wie ein letzter Atemzug an

»Es riecht nach Sonne in Sägespänen.«

Albin Zollinger

»Wissen Sie, wie mir ein Buch
nur mit Aphorismen vorkommt?
Als würde ich mich nur
mit Vitamintabletten ernähren ungefähr.
Wo lassen Sie Körner und Milch,
Mohrrüben und Äpfel?«

»Wenn Schiller, statt seiner bekannten Vorliebe,
einen unbesiegbaren Widerwillen
gegen alles Sentenzenwesen gehabt:
was würde, seiner Nation gegenüber,
die Folge gewesen sein?«

Friedrich Hebbel

Ich trage nicht Früchte,
ich pflanze Bäume

Mein Anteil an den Dingen
ist meine Anschauung

Um beschränkt sein zu können,
muss jedes Ding
zwei Seiten haben

Wer einen Menschen anders haben will,
will ihn eben nicht anders haben

Niemand geht
auf seinem Weg zu weit

Ich kann jeden Glauben verlieren,
nur nicht meinen eigenen

Nachdenklichkeit
ist das Versäumte Vorspiel
des Denkens

Ich habe viel Gnade vergeudet,
da ich die heilige Sprache verließ,
um Gräber im Deutschen zu schaufeln

Wir müssen nicht Freunde sein, um Freunde zu sein

»Lass uns die widrige Torheit machen und
mit Leichtsinn vorbei gehen an dem,
was wir wissen.«

Ernst Fuhrmann

Es lässt sich alles sagen,
darum nicht alles wissen

Man denkt sich alles, wie geschrieben.
Das mag auch ohne Fehler,
ein Fehler sein,
doch auch nur wie geschrieben

Rausch –
das Unvermögen,
sich zu begeistern

Meinungen suchen die Gemeinschaft und werden gemein

»Was liegt nicht alles in unserer Zeit!
Wer das Zeug dazu hat, sie recht zu packen,
der macht wohl noch Anderes als Denkmäler!«

Ferdinand Freiligrath

Die Zeit läuft davon,
wir bleiben nicht zurück

Mein Ziel verfehlt,
mein Werk vollbracht

Erst wenn du alle Erwartungen enttäuschst,
darfst Du glauben,
dein Werk getan
und ihm genügt zu haben

»Ich habe noch so viele andere Igel
zu bürsten.«

Hermann Lotze

Schicksal – Namenlos
Oder:
Verschwindlichkeit ist auch
ein Hochgefühl

Das Ansehen eines Menschen –
seine Blüte;
sein Angesicht – seine Frucht.
Der Mensch zeigt sich nicht,
auch sein Gesicht zeigt ihn nur an.
Das Antlitz hat unter allen Umständen
seinen Ausdruck,
aber nur im Gebet –
sein Gesicht.
Meine Vorstellung vom Menschen wandelt sich
von Angesicht zu Angesicht

»O Angesicht! wer deine Rätsel löste,
Der hätte aller Welten Knäu'l entwirrt.«

Margarete Susman

Die Wirklichkeit der Götter –
die Herrlichkeit ihrer Namen.
Der Untergang seiner Götter
macht den Menschen mündig,
das Vergessen ihrer Namen –
sprachlos

***»Eilend über Erdenkrume
wie auf Götterspur.«***

Gertrud Kolmar

»Die Sprache gibt den Namen:
und der Name ist der Funke des Bewusstseins:
welches alle Wunder tut.«

Rudolf Pannwitz

»Die Namens-Schöpfung
ist eines der größten geistigen Mysterien.
Vielleicht glückt es Ihnen:
das ist dann die letzte *dichterische* Vollendung.«

Alfred Mombert

»Man kann unmöglich einen Namen erfinden.
Ebenso wenig wie sich Granit,
Kohle oder Marmor herstellen lässt,
kann ein Name gefertigt werden.
Dergleichen Dinge bringt nur die Zeit,
die sie Ursprung nehmen,
entstehen und werden lässt.
Ein Name kann ebenso wenig erschaffen werden
wie eine Sprache.
Wir müssen den Ursprung entdecken.«

Honoré de Balzac

Franz Rosenzweig und sein gefallsüchtiger Ugiël

»Die Namen der Engel wechseln;
nicht heißen sie morgen,
wie man sie heute ruft.«

Nur der Ruf kann widerrufen werden

In Vergessenheit geraten,
in Erinnerung geglückt

Nur Wende wohl, doch Ende, Abschied nicht.
Wir kehren ineinander ein und gehen wieder
in Namen ein und aus,
und bleiben fort,
das Hier und Einst bewahrend:
Gesicht und Wort,
ein Hauch des Lieds der Lieder

»Nicht Element, nur Testament
Gab Auskunft einst, was Dasein sei.
Nun ist das Ur entbrannt und brennt,
Und Ruhm und Schonung sind vorbei.«

Oskar Loerke

Meine Verschwindlichkeit
gibt einen Ton von sich:
Erde

In der Tat geschieden, in der Erinnerung untrennbar

»Ich habe bis jetzt meine Erinnerungen
nur ganz allein genossen;
man muss sie zu zweien durchleben.«

Charles Baudelaire

Das Gedächtnis lässt uns gehen,
die Erinnerung holt uns zurück
und gibt uns das letzte Geleit

Ausgegraben, kommt's hervor,
nicht wieder vor

Erinnerung erbarmt sich
des Gedenkenden

»Fallen ist keine große Sünde,
aber liegen bleiben.«

Christoph Lehmann

Meine Erinnerungen
liegen hinter mir,
ich jage ihnen nach,
nun liegen sie vor,
Tagesanbrecher

»Die Ewigkeit beschäftigt jene,
die Zeit zu verlieren haben.
Sie ist eine Form der Muße.«

Paul Valéry

Autobiographie:
Ein Welken zur Blüte gebracht

DAS ÄLTESTE SPIEL MIT DEM FEUER
ODER:
CREDO

Für meine Mutter

»Aber der Judaeus Apella,
über den der epikureische
Horaz lächelt, war da,
um zu glauben.«

Ernest Renan

Ja, du bist's,
auf dich bin ich vom Schoss angeworfen,
vom Leib meiner Mutter her
bist du mein Gott!

Psalm 22, 11

»Nun redet zu ihm liebevoll seine Mutter
und spricht gütig zu ihm.
Darauf schmückt sie ihn mit Lebenswasser.
Sie endet damit und lässt ihn hinter sich.
Dort schließt sie ihn ein mit Blumen.
Dort schließt sie ihn ein mit Wolken.
Dort wird er bleiben hinter seiner Mutter.
Dort hört er auf mit allem.
Dort verschwindet er mit seinen Worten.«

Die Auferstehung und Himmelfahrt Sautaris

Der Zweifel ist zuverlässig, nicht glaubhaft

Für das Denken
ist der Gegenstand entscheidend,
für den Glauben die Richtung.
Das Denken stellt das Gedachte,
der Glaube das Geglaubte in Frage.
Es ist Aufgabe gerade des Glaubens,
denkbar zu machen.
Denkbar geworden –
nicht mehr zu verbergen,
nicht mehr zu entschleiern.
Mut zum Glauben ist eine Bedingung
für wahrhaftiges Denken.
Der Glaubensmut
übersteigt die Überzeugungskraft.
Denken im Zweifel am Denken
ist Verzweiflung;
Glauben im Zweifel am Glauben
ist Hoffnung

Credolind und Credokrass am Quasi rüttelnd

Glaube –
die Leere,
in die man sprechen muss,
damit etwas werde;
das älteste Spiel mit dem Feuer;
ein Gedenkblatt vom Baum der Erkenntnis;
die Erschütterung Gottes;
einschneidende Ehrfurcht;
Wachhalten an Gott

Hörigkeit, Hellhörigkeit

Der Glaube ist das Tuch,
in dem sich Gottes Antlitz
verhüllt

Kein Glaube kann lebendiger sein
als der Gott,
der ihm innewohnt

Glaube ist ein Stichwort wie andere,
nur tiefer stechend

Credo:
Verlässt er mich,
bekomm ich ihn zu spüren

Der Glaube weiht uns in den Zweifel über unsere Gewissheit ein

Der Glaube
hat immer seinen Zweifel,
nicht immer seinen Gott;
duldet keine Überzeugung neben sich;
folgt, verzückt,
seinem Ausdruck nach

Der Glaube führt zu Gott,
verbürgt aber nicht die Ankunft

Im beharrlichen Glauben
des Menschen,
harrt Gott seiner

Credo:
Nur Gott allein
kann mir den Glauben nehmen

Unserm Glauben
können wir nicht einfach
Glauben schenken,
dem sind wir unsre ganze
Glaubwürdigkeit
schuldig

Zweifel heißt der Geist,
der über den Glauben kommt

Zweifel –
des Glaubens Glaubwürde

In Zweifel gezogen,
dehnt sich der Glaube aus

Wäre der Glaube unser Glaube,
wie Gott unser Gott,
dann wären auch wir
über alle Zweifel erhaben

Der Zweifel trifft immer nur den Glauben;
das Geglaubte kann auch der Zweifel
nicht meinen

Credo:
Mein Zweifel macht mich glauben,
dass mein Glaube mit Gott zu tun hat

Der Zweifel betrifft das Wissen, der Glaube das Wissenswerte

Der Zweifel ist die Entschlossenheit
des Glaubens

Der Zweifel schließt das Tor,
das der Glaube aufgestoßen hatte

Skepsis –
die Verschlossenheit
des Entschlusses

Credo:
Zu Ende gebracht
und nicht in Erfüllung gegangen

Die Welt missachten und Gott rühmen – wofür

Wie willst du Gott finden,
wenn er bei dir
nichts zu suchen hat

Du kannst nicht Gott suchen
und Ruhe finden

Ist Gott mit Dir, bist du nicht mehr
der Entscheidende

Gibst du Gott deine Liebe,
darfst du deine Zweifel behalten

Credo:
Ich stehe vor Dir, bestehe
und falle beständig.
Wo magst Du mich suchen,
wenn ich Dich gefunden habe

An Gott gerichtet und verurteilt

Gott, der jeden richtet,
ist gegen jeden gerichtet

Gottes Walten
lässt sich mit Recht rechtfertigen,
nicht mit Gott

Die Antwort Gottes an Hiob
war nicht, dass Er recht habe,
sondern, dass Er nicht
zu rechtfertigen sei

Credo:
Ich wäre gottlos,
wäre ich wie ER
unsterblich

Man muss sich schon
hingeworfen haben,
um auch nur bei sich
Gnade finden zu können

Mit Gnade wird man nicht beschenkt,
sondern begabt

Wen Gott versuchen will,
über den bringt er den Glauben

Erst wenn es anhebt zu dämmern,
erkennen wir, wie viel Gnade
auf uns verschwendet wurde

Credo:
Dass ich bin,
kann Gnade sein,
wie auch,
dass ich zu sein aufhöre

Selbsterfüllt – gottverlassen

Das Leben auf Erden,
das von Gott begehrte Jenseits

»Gottes schaffende Hand
braucht jungfräuliche Erde,
um sein Ebenbild daraus zu gestalten.«

Riccarda Huch

Der Glaube ist ein Warten
und ein Gegenwarten

Unsre Gegenwärtigkeit erblüht
in Gottes Angesicht,
geht nicht in unsrer Gegenwart auf

Credo:
Der Glaube muss mich verlassen,
wenn Gott bei mir anklopft

***Die erste Sünde* –**
der erste Aufbruch

Gesündigt –
Gott nahegetreten

Sünde – ein Ohnmachtszustand,
aus dem man noch erwacht,
nicht mehr aber zu sich kommt

Sünde – eine Wunde,
die nicht schmerzt
und nicht heilt

Credo:
Alle Sünden sind vergebens

Das Wissen von Gott ist grenzenlos beschränkt

Wessen Wissen nicht von Gott,
wird von Gott nicht wissen

Wissen ist nicht weniger erschütternd
als Glauben

Nicht jeder Glaube
fällt mit Gott zusammen

Credo:
Wer von Gott nicht weiß,
ist von ihm auch nicht entfernt

»Erst durch die Entindividualisierung wird etwas wahr.«

Franz Rosenzweig

Auch wenn wir schweigen,
kommt Gott nicht zum Verstummen;
auch wenn wir verstummen,
lässt Gott sich nicht verschweigen

Jede Seele –
ein AusFlug Gottes

Nirgends zu Hause;
allerwegs in Gottes Hand

Credo:
Vorausgesetzt,
und im Rückblick erlangt

Untergang des Abendlandes im Augenblick

»Wir, wir verstanden einander
durch bloße Blicke,
wir sahen uns an und wussten,
was in uns vorging –
diese Augensprache
wird bald verloren sein,
und unsere hinterlassenen Schriftmäler,
z. B. Rahels Briefe,
werden für die Spätgeborenen
unenträtselbare Hieroglyphen.«

Heinrich Heine
an Varnhagen von Ense
Paris, den 5.Februar 1840

Bei Gott – bei Trost

Man verweist Gott ins Jenseits,
und schwört doch hier:
bei Gott!

Die Welt ist bei Gott;
das Jenseits ist das Exil beider

Bei Gott! –
wie weit ist es doch

Gottes Ferne geht uns nah,
seine Entfernung aber
lindert die Qual seiner Gegenwart

Credo:
Erreicht mich sein Ruf,
erkenne ich erst,
wie weit voneinander wir sind

Glauben – widerhoffen

Die Erwartung gilt dem Kommenden,
die Hoffnung dem Ausbleibenden

Je fester der Glaube,
desto zäher sein Widerstand
gegen die Hoffnung

Credo:
In Gott verstrickt,
mit mir zerfallen;
in Gott versunken –
in Ewigkeit verloren

Mit Engelszungen von Wort und Rede weg

Alles Leben heißt Sprache;
die Existenz ist stumm,
sie heißt Tod

Der Mystiker –
Realist der Existenz

Auch ein leichtes,
hauchdünnes Wort,
hat seine Feuerprobe zu bestehen

Ein Ruf von oben
und die Irrwege
sind gebahnt

Lazarus Trost

Der Sprachlose und der Sprachbesessene sind an der Schwelle Gottes

»Des Weisen sein Verstand schmelzt alle Schriften ein,
Sieht sie und sich im Grund ein Wort, ein Wesen seyn.«

Daniel Czepko

Mystik –
die umfassende Annahme
des Ausgeschlossenen

Während Irrationalismus
mit dem Ausgeschlossenen
schon alles gesagt haben will,
setzt Mystik voraus, dass alles erklärbar sei
und das Erste aus dem Letzten erfolge

Der Mystiker kommt immer wieder auf sich zu schweigen

»Ich bin nicht Gott. Ich kann nicht alles.
Ich sehe nicht alles. Ich weiß nicht alles.
Ich bin nicht ewig. Ich leide nicht alles.
Ich vollbringe nicht alles.
Ich nehme nicht an allem teil.
Ich kann nicht alles umfassen, alles erleben.
Meine Liebe hat wenig Macht.
Meine Ehrfurcht vermag
nur wenig zu beseligen.
Meine Fürsorge bringt nur geringen Nutzen.
Meine Voraussicht reicht nicht weit
und erstreckt sich nur auf weniges.
Also kann ich selig sein in meiner Enge
und unbesorgt durch meine Werke,
Gott mit einem Lobe preisen,
das Gottes würdig wäre.«

Aron David Gurewitsch

Credolind und Credokrass am Quasi rüttelnd

»Wer in dieser Zeit sich vom Überlieferten
nicht losreißen kann,
der ist verloren;
wer sich seines Anfangs
nicht besinnen kann,
der geht unter.
Spiegellos nackt ist die Welt,
spiegellos du selber.
Aber der Segen der Nacktheit
ist inmitten des Grauens
dir geschenkt worden.«

Hermann Broch

»Hörst du, Nackter, das Tosen der Wasserstürze?
Die fernen einsamen Sänger?
Suchtest du die Blume der Zeugung?!
– wusstest du, was du tatest?! –

Es ist Nacht! Der Mond geht auf
über den Felsen!
Ströme wälzen heran.
Eine Blume fandest du dir –
doch keine feuerfarbne! –
eine düstere!
sie überschattet riesenhaft dein Herz.

Dein Herz ist meines!
– Deine Tat ist meine! –
Auch ich suchte die Blume der Zeugung! –

Schulter an Schulter sitzen wir in Finsternis:
Brüder im Unvollendbaren.«

Alfred Mombert

Mit Haut und Haar
und weiter nichts,
die bare Blöße,
gebeugt am Tor zum Dazumal,
und davor zum Zerbrechen
geneigt.
Der du vorübergehst:
Tauche in meine Nacktheit,
da gibt es nichts zu begehren,
und nimm, was du willst.
Tauche in meine Nacktheit,
wasche dich. Ich schließe
die Nacht zu, wenn du
vorübergehst.
Geh vorüber, Herr meiner
schamlosen Herrlichkeit

»Einst, vor Jahrhunderten,
ließ sich eine Stimme hören vom Himmel:
»Siehe, er betet!« –
Und dem Betenden fiel es von den Augen
wie Schuppen!«

Friedrich Heinrich Jacobi

Auch das Gebet will erbetet werden

Das Gebet war schon immer ein Vorbote der
mündigwerdenden Sprache

Im Gebet stehen wir nicht vor Gott,
sondern stellen uns ihm

Das Beten verheißt dem Menschen keine
Erlösung, offenbart ihm aber seine
Erlösbarkeit

Betend leisten wir
unserer Seele Gesellschaft

Die Welt,
sagte der Prediger,
ist eine einzige
Sonnenblume;
lass mich, Einziger,
sagte der Prediger,
zu Dir
durch die Blume

Wüsste ich, dass Gott mein Gebet erhört,
ich wüsste von ihm schon zu viel,
als dass ich zu ihm noch beten könnte

Was mir mein Gebet gibt?
Die erste Besinnung auf Sprache,
die gottgehörige;
die Gewähr, dass auch ich
ein Wort zu geben habe

Credo:
Dass Er mit mir etwas vorhat,
ist meine ganze Zukunftsperspektive

***Ob unser Gebet auch wirkte,
das können wir nur als Betende wissen,
nicht als Hoffende***

Gott hängt an unseren Lippen,
wenn wir beten

Erschüttert, an Gott gerührt

»und quer durchs Gebet
rollt ein wütender Stern.«

Christine Lavant

Gott ist in seiner Schöpfung
und in den Heiligen Schriften der Völker,
das Beten aber ist im Herzen aller Kreatur,
ist ein Herzbeben der Sprache selbst

Von Liebe sprechen, nicht lieblich

Die Welt um den Schlaf gebracht
für einen Traum
zum Überwachen

Ob sorgenschwer,
ob gedankenvoll,
man lässt seinen Kopf hängen

Die Zeiten sind vergangen,
die Zeit ist nur vorbei,
noch sehen wir sie kommen
die Stunde,
den Augenblick –

Blickaus

Habe ich mein letztes Wort gesprochen,
bin ich erwacht,
umsonst drückst du mir die Augen zu

Passagen

Vergeblich nimmt man sich vor,
dahinterzukommen

Man denkt sich alles,
wie geschrieben:
Das mag, auch fehlerlos,
ein Fehler sein,
doch auch nur wie geschrieben

Des Lebens Vormund ist der Tod

Der Aphoristiker lässt große Worte
kleiner werden
und liebt sie,
kleingeworden
maßlos
wiederum

Ein chassidischer Ausspruch
von Antiphanes:
»Die Traurigkeit ist die Nachbarin
des Wahnsinns.«

Ansatz und Ausgangspunkt

Im Anfang war das Wort:
Dasein
ohne da und dort,
vernehmlich und hinnämlich

Wahrheit drückt ein Leben aus,
das nicht zu buchstabieren ist

Geht der Tag auf,
sind auch die Jahre wieder da

Eine Kinderlose Muttersprache

Das Wort,
fabelhaft

Ein Wort, vom Satz eingefangen;
ein Satz, vom Wort traktiert

Das Denken,
wiesoliert

Jeder Satz –
ein Stockwerk

Ich kann mir schlecht denken,
ich kann mir gut denken,
und werde nachdenklich,
gleichviel

Dem Satz ausgesetzt,
Wort für Wort.
Gesagt ist alles und mehr.
Wir sprechen weiter

Das Wort ist zu halten,
so auch der Mund

Geht dein Atem in die Zeile ein
und werden die Sätze richtig gesetzt,
trocknen die Seiten nie ein

Das Ende des Guten
wäre der Trost
über seinen Verlust

Auch das Ende
ist das von Anfang an

Auf das Ende zu,
das ist gegangen

Atheismus –
ein totes Wort,
stellvertretend

Atheismus –
die Erbitterung
gegen den nicht Existierenden

Der Atheist hat die Trumpfkarte
in der Hand,
Gott aber schaut in die Karten,
das ist nicht redlich gespielt

Es betet mir vor,
es weint mir nach,
ist nicht zu halten,
mein Wort
Weinsamkeit

An den Rand gedrängt,
an die Wand gemalt,
hochgestochen
seine Augen

Untergang,
ein Grab tiefer

Der Frieden kommt vor,
nach dem Krieg

»Ob ich in den Propheten lese,
ob von Babylon und den Persern,
von Augustus oder Kaiphas –
immer schafft das Morgen
schon am je heutigen Tage.«

Joseph Bernhart

Die Bücher, die ich je gelesen,
möchte ich jetzt, eben jetzt,
gerade jetzt, alt geworden und mehr,
schreiben.
Nicht wie geschrieben,
nicht wie gelesen,
mit stundenblauer Tinte,
dazu geschaffen,
den Rest der Zeit aufzusaugen,
für den ich so viel übrig habe –
restikal, wie ich bin: Rest der Zeit,
das ist, was wir haben,
ist, was wir sind;
mit ihm sind wir bekannt,
er ist, der Rest, die Vertrautheit,
die aus uns macht, was mit ihr wird

Die Bücher, die ich je gelesen,
möchte ich jetzt,
eben jetzt,
gerade jetzt,
nicht wie geschrieben
nicht wie gelesen,
aus der Tinte heben

Ich täte das in Gottlieben,
im Bodmanhaus,
aus Erzählsteinen gebaut.
Da gab es Kindheit zu stehlen,
wer käme auf den Gedanken:
eingeflogen ins Haus lebe ein Jude
kindlich gemach, in Gefahr,
verbodmant zu werden,
Clärles Lamasohn,
Moschus-Mosche.
Und wären auch alle Geschichten anders,
diese wäre eine andere Geschichte

Und ich hätte eine hübsche Hilfskraft
wie nie zuvor – ich war viel zuvorig,
übermütig zu fahrig,
Es gäbe ja viel zu schreiben
und alles wäre neu und altbekannt,
sie hieße, nicht unbedingt, wieso aber nicht
Löschli

Die Zeiten sind vorbei
es kommt nur noch die Stunde

»Wer Sieben theilen kan,
kan dir die Stunde nennen.«

Daniel Czepko

Der Denkende will auch gemeint haben,
das ist sein Verhängnis

Erinnerungen bleiben im Streit um Dich,
und niemand wüsste zu sagen,
es habe Dich da gegeben,
dadaistisch da

Keine grimmige Rede über das Alter

Zu Grunde gegangen
und auf den Grund nicht gekommen

In Gottes Namen stehe ich im Wort

Die Zeit bringt meine Jahre um die Ecke,
dort geben sie sich ein Stelldichein

Der Tod mischt sich ins Sterben ein,
das ist sein Auftritt

Credo:

Auf mich gestellt,
auf Gott gerichtet,
hinfällig, auferstehungsreif:
Gott im Gebet nachgestellt –
Mein Gebet war schon seine Gnade

Das Wort
bis ans Tor der Sprache gebracht

Skrypta

Wenn es das gibt, muss es nicht viel sein

Ich sagte, guten Morgen;
er sagte, guten Tag,
so gingen wir auseinander

»Der Pappel gleiche ich,
dem Baum, der jung aussieht,
selbst wenn er alt ist.«

Joseph Joubert

Man kann sich beseitigen,
aber nicht vorwegnehmen

Tel Aviv, Purim 5784

»Ende des Schreibens.
Wann wird es mich wieder aufnehmen?
Die mit Aufgabe des Schreibens
sofort eintretende Schwerfälligkeit
des Denkens,
während ich vorige Woche
wichtige Gedanken
kaum abschütteln konnte.«

Franz Kafka,
20. Januar 1915

Friedliche Gedanken, der Schlagkraft beraubt

Frieden ist die Idee des Krieges,
nicht die Sehnsucht des Kriegers

Gegen den Krieg – das genügt nicht,
man muss auch gegen das Siegen sein

Triumphe sind ein Casus Belli

Die im Krieg auf den Hund kommende Moral
wird nach dem Krieg
zum Pudelskern der Ästhetik

Hohltat und Leermeinung

Das Problem des Krieges –
seine Unbesiegbarkeit

Der Krieg führt zum Sieg
und bringt nur Besiegte hervor

Der Friede ist nicht
zufriedenzustellen

Der Sieg ist täuschend,
er reißt die Besiegten nicht mit

Ein Seitenblick, vom Blatt gespielt

Fettdruck Leben

Erbaulich unterhöhlt

Bodenlosigkeit ist die Begründung

Für mich sprechend,
gehe ich, sprechend,
in Opposition

Man muss nicht reden
um wörtlich geschwiegen zu haben

Die Zukunft,
in einem Wortmassiv
gesperrt

Mythenmut Krieg

Man konnte nicht wissen,
sagte alles voraus,
so war‘s denn gekommen

Die Bibel hat mit uns
und nicht mit Gott zu tun

Wir sind ihre Sprecher,
doch spricht sie durch uns
nur für sich

Die Bibel ist der zweite Himmel über uns, bodenständig

Ist der Vater, ohne Zweifel, unser,
ist es, mit Zweifel, auch sein Glaube

Es ist nicht zu glauben,
was alles.
was,
alles

Gott ist tot, sagtest du,
dir also gestorben,
ich kondoliere!

Die Trennung von Gott
ist nicht zu vollziehen

ZITATNACHWEIS

»Ihr lebt ja, ihr Toten, ihr lebt;
denn heut lebe ich.
Einmal wohl mögt ihr gestorben,
mögt anders gewesen sein;
Nun seid ihr und seid so:
für mich.«

Gertrud Kolmar

»Dass tote Menschen Gespenster werden,
glauben wir nicht mehr.
Aber die tote Liebe, das tote Ideal, der tote Glaube, –
die werden zu Gespenstern,
ja man fühlt ihr Leben mehr als früher,
wo ihr Inhalt uns wichtiger war,
unser Bewusstsein mehr erfüllte
als die Tatsache ihres Lebens.«

Georg Simmel

Will man in den Himmel, muss man über den Berg

Damit wir nachkommen.
muss einer vorausgegangen sein

Es gibt geträumte Worte
und Sätze,
die sich träumen lassen

Zukunft wird geschossen wie Wild

Im Anfang war das Wort,
ich dachte logorhythmisch.
Jetzt bin ich im Bilde
und färbe ab
und zu,
ein Leonardo der Wünsche.
Mit der Einbildung
wird man kein Maler.
Wunschbilder
Spielen sich aber auf
und tun sich zusammen:
Prachtkataloge,
Muster ohne Wert.
Wer sagte denn,
es sei zu sagen,
es bliebe zu

Zwei Augenblicke,
hoch- und tiefsinnig

Es gibt dafür keinen Ort,
und für ihn, den Dichter,
keine Zeit mehr.
Ein Blick zu den Sternen,
ein Blick in die Karten –
sie werden nicht wieder gemischt

Fürgegen
Myrrhewahr
zaudervoll
deshalbierend
wortgekommen

Ich glaubte,
das schönste Buch
von Leben und Tod
in einem Satz
geschrieben zu haben.
Du meinst, es sei misslungen.
Also hatte ich die Möglichkeit dazu
nicht gehabt, demnach auch nicht
bekommen

Vor dem Tod erkennt man,
welch großes Versprechen man war

Alles Entblätterte
war einmal zum Lesen,
einmal zum Riechen da,
und einmal noch,
nur einmal noch
vom Blatt zu spielen

Krieg und Frieden sind nicht wie Leben und Tod

Der Krieg ist Blut,
der Friede Papier,
zuweilen auf Bütten,
nie blutbespritzt,
bisweilen abgesegnet.
und einer sagt:
Frieden und Krieg sind Synonyme,
und weiter, und ferner:
Das Leben –
ein zu fettes Wort fürs Leben
in Dürr

Krieg – Detonation des Mollfrieds,
des Friedmolls

Du,
ichdumirt,
wo bist du,
was meinst du,
wo denkst du hin,
dass ich dich finde
und wir einander,
muss man sagen:
finden.
Findlich, befindlich,
empfindlich,
geh!
Ich kann mir nicht denken,
dass ich nicht zu dir
gesprochen habe

Anmerkungen
Sind täuschend,
sie lassen ihre Temperatur
nicht merken

»Sorge dafür,
dass nichts unvollständig
zitiert wird!
Unter dem Vorwand einer Erklärung
wird oft ganz Neues zugesetzt.«
»Wenn ein Wort zweierlei Sinn hat,
so wird es oft in dem Obersatz in dem einen,
in dem Untersatz in dem anderen Sinne genommen.«

William Gerard Hamilton

Alle Zitate, auch die getreu wiedergegebenen,
wollen an der Quelle überprüft werden.
An zwei Dichtern haben ich mit guten Gründen,
aber schlechtem Gewissen gefrevelt,
da ich sie zitieren wollte,
ohne ihre Kleinschreibung beizubehalten.
Der eine, Rudolf Pannwitz,
machte es mir insofern leichter,
als er in seinen letzten Werken
die Kleinschreibung aufgab.
Der viel zartere Franz Baermann Steiner,
wollte es mir in keinem Punkt nachsehen.
Mögen mir beide vergeben.
Nachsicht wird vorgelebt.
Das Nachleben ist nachsichtig genug
Man kann am Ende nicht sein;
es gibt kein Sein am Ende, aber auch verduftend
hinterlässt man eine Spur

שְׁבִילְךָ בְּמַיִם רַבִּים וְעִקְּבוֹתֶיךָ לֹא נֹדָעוּ

S. 5 »Du kannst den gegenwärtigen Tag nicht recht leben ...« – Musonius, zitiert nach: Ernst Heimeran (Hrsg.) Antike Weisheit. Eine Sammlung lateinischer und griechischer Gedanken Urtext und Übersetzung. Ein Band der Tusculum-Bücher Zweisprachigen Ausgaben. München: Heimeran 1937, S. 27.

Alle antiken Autoren in der Folge werden nach dieser Ausgabe zitiert. Auf den Seiten 43–68 habe ich die Genesisübersetzungen von Luther (1912), Arnheim und Buber-Rosenzweig verwendet, manchmal durcheinander. Die geläufige Schreibung des Namens Kain habe ich aufrechterhalten, obschon er richtig, wie bei Buber-Rosenzweig, Kajin gesprochen werden muss. Auch Buber-Rosenzweigs Habel habe ich als Abel zitiert. Heymann Arnheims Übersetzung (»Warum verdrießt es dich...«, S. 24) zitiere ich nach: Die vier und zwanzig Bücher der Heiligen Schrift. Nach dem masoretischen Texte. Unter der Redaktion von Dr. Zunz übersetzt von H. Arnheim, Leopold Zunz, Julius Fürst, M. Sachs. Frankfurt a.M.: Kaufmann 1913.

S. 7 »Vieles ist hässlich zu tun, was doch, vollendet, gefällt« – Ovid, zitiert nach: Ernst Heimeran und Michael Hofmann (Hrsg.), Antike Weisheit. Eine Sammlung lateinischer und griechischer Gedanken Urtext und Übersetzung. Ein Band der Tusculum-Bücher – Zweisprachige Ausgaben. München: Heimeran 1937, S. 85.

S. 8 »Mit verscheidendem lächeln« – Franz Baermann

Steiner, Eroberungen. Ein lyrischer Zyklus. Mit einem Nachwort herausgegeben von H. G. Adler. Heidelberg: Lambert Schneider 1964, S. 62. Dazu: »Im Grunde gilt mein ganzes Streben nur dem seltensten Wort-Gebilde: dem Kleinod.« – Werner Zemp an Erwin Sutz, Zürich, 6.11.1942, in: Ders. Das lyrische Werk. Aufsätze, Briefe. Vorwort von Emil Staiger. Herausgegeben von Verena Haefeli. Zürich: Atlantis 1967, S. 351.

S. 8 »Nur das Beharrliche wird verändert …« – Immanuel Kant, Kritik der reinen Vernunft. Hrsg. von Karl Kehrbach. Leipzig: Reclam [1878], S. 179.

S. 14 *Absicht ist Vorrang und Vorhang* – »In Absicht jede Aussicht gleich erkalten ...« – Friedrich Schlegel, Die Verhältnisse. In: Gedichte. Werke V, 1962, S. 169.

S. 14 »… es ist alles durchwebt von Vermutung.« – Xenophantes, übersetzt von Karl Popper, zitiert nach: J.R. von Salis, Notizen eines Müßiggängers. Zürich: Orell Füßli 1984, S. 61.

S. 14 »Alles spricht, aber es spricht nur, wenn wir es hören, die Geräusche – auch die Informationen, die wir messen, sind nicht das Wort!« – Ewald Wasmuth, Vom Sinn des Todes. Heidelberg: Lambert Schneider 1959, S. 97. Handgeschriebene Widmung: *Für Martin Buber in Verehrung, Dankbarkeit und Liebe E.W.*

S. 17 »So gerne ließe ich die Augen jetzt/wie Kieselsteine aus dem Fenster fallen.« – Christine Lavant, WIE WIRD MIR hungern helfen diese Nacht, in: Spindel im Mond. Gedichte. Salzburg: Otto Müller 1958, S. 24.

S. 17 »In einem Sonnenstrahl, der die Einbuchtung eines Fensters...« – René Schickele, Die Genfer Reise. Berlin: Paul Cassirer 1919, S.153.

S. 18 »Ihm ist darum zu tun, daß die Reflexion ...« – Otto Ludwig, Reflexionen (1860-1861), zitiert nach: Gerhard F. Herig (Hrsg.): Meister der deutschen Kritik II von Börne bis Fontane 1830-1890. München: dtv Dokumente 1963, S. 213/14.

S. 20 »Liegt doch immer, in jedem klugen Wort ...« – Tieck an Solger, in: Ludwig Tieck. Herausgegeben von Hermann Kasack und Alfred Mohrhenn. Berlin: Suhrkamp 1943, S. 114.

S. 23 »›Ein wenig Philosophie entfernt von der Religion ...« – Antoine de Rivarol, zitiert nach: Ernst Jünger, Rivarol. Frankfurt a.M.: S. Fischer 1962, S.122.

S. 25 »Jeder Einfall eines Künstlers hat in sich sein Gesetz ...« – Josef Hofmiller, Vom Tempo und Kaliber des dichterischen Schaffens. In: Ders., Die Bücher und Wir. München: Nymphenburger Verlagshandlung 1950, S. 178.

S. 26 »Die Ideologien sind Freiheit, wenn sie entstehen ...« – Jean-Paul Sartre, zitiert nach: Reinhard Baumgart, Literatur für Zeitgenossen. Essays. Frankfurt a.M.: Suhrkamp 1966, S. 122.

S. 29 »Das ist unter allen Nationen immer ein sehr vortrefflicher Dichter ...« – Lessing über Friedrich von Glogau, in: Gotthold Ephraim Lessing, Werke in drei

Bänden. Hrsg. v. Herbert G. Göpfert. Band II, München: Carl Hanser 1982, S. 644 ff.

S. 31 »Und wieder keine Wandlung und kein Weg ...« – Franz Baermann Steiner, Beim Lesen von W.S. Nachgelassenen Gedichten. In: Unruhe ohne Uhr, Heidelberg: Lambert Schneider, 1954, S. 50.

S. 31 »Es wäre vielleicht süß, abwechselnd Opfer und Henker zu sein« – Charles Baudelaire, Raketen. Die beiden Tagebücher nebst autobiographischem Entwurf. Hrsg. und eingeleitet v. Erich Oesterheld. 3. Tsd Berlin: Oesterheld 1909, S. 54.

S. 33 »Wir sind zusammengekommen, um diesen Tag miteinander im Zeichen der Brüderlichkeit zu feiern« – Carlo Schmid, Zur Woche der Brüderlichkeit, in: Ders., Politik und Geist. München: dtv 1964, S.83f., 86f.

S. 36 »Unser Innertum? Wenn wir allein sind: Selbstianer ...« – Franz Rosenzweig, Briefe und Tagebücher. Hrsg. v. Rachel Rosenzweig und Edith Rosenzweig-Scheinmann unter Mitwirkung von Bernhard Caspar 2.Bd, 1918–1929, Haag: Martinus Nijhoff 1979, S. 775.

S. 37 »Ihr schlaft noch, stille Straßen? ...« – Ite Liebenthal (15.1.1886 Berlin – nach 1941 aus Berlin deportiert). Ihr einziger Gedichtband, dem das Gedicht entnommen ist, erschien 1921. Er enthält 43 Gedichte und eine schwere Vorahnung. Vgl. : Elazar Benyoëtz, Ich habe ein Leben, das brennt wie ein Licht. Im Gedenken an Ite Liebenthal. In: Paian. Heft V/VI, Berlin 1968, S. 23–26.

S. 38 »Alle Schuld nimm du in dich« – Otto zur Linde, Pahntasie. III. In: Ders., Charon. Auswahl aus seinen Gedichten. Einführung von Hans Hennecke. München: R. Piper 1952, S.187.

S. 39 »Zu den Zügen, die mit am stärksten am Bilde des Juden hervortreten ...« – Richard Müller-Freienfels, Psychologie des deutschen Menschen und seiner Kultur. Ein Volkscharakterologischer Versuch. München: C. H. Beck 1922, S. 216.

S. 41 »Die Tränen, die alsdann für uns fließen … « – Heinrich Heine, Briefe. Hrsg. von Hans Daffis. Berlin 1911, S. 320.

S. 42 »Ihr zaudert und ich gewähre …« – Simon Kronberg, Hinneni/Hier bin ich. In: Karl Otten (Hg.), Ego und Eros. Meistererzählungen des Expressionismus. Mit einem Nachwort von Heinz Schöffler. Stuttgart: Goverts neue Bibliothek der Weltliteratur 1963, S. 281–312.

S. 48 *Vom brodeln der Brüderlichkeit* – »erliegt nicht dem Wortspiel, sondern folgt dem Bild. Ich kann mich im Wort wie im Klang verwählen, treffe meine Bilder aber nicht wahllos. In Ihrem Wörterbuch, sagen wir des »Hermann Paul«, können Sie bei »brodeln, auch brudeln lesen, und brudeln wäre das Nähergelegene, doch aufreizend genug, wahrscheinlich auch lächerlich. Wie dem auch sei, Von *Brudeln* der Brüderlichkeit würde man mir nicht abnehmen, es dächte niemand ans Brodeln. Zum Brodeln aber gehört lexikalisch auch »siedende Flüssigkeit und der daraus aufsteigende Dampf«. Das passt auf Kain und Abel. »Das Blut Deines Bruders schreit aus dem Boden zu mir hinauf«. Die siedende Flüssigkeit Blut dampft, steigt empört empor und schreit in den Himmel hinein. Der Dampf ist dem Hewel nah, wenn's auch mit Hauch zu übersetzen wäre. Auch dann wäre es nur »gedämpfter«. Und darum geht's im Text, zu dem »vom Brodeln der Brüderlichkeit« gehört, weil sich hier Aug und Ohr gegenüberstehen.

S. 50 »Vorzüge sind oft die größte Schranke für die Laufbahn eines Menschen ... « – Christina von Schweden, Memorien. Aphorismen. München: Winkler 1967. Deutsche Übersetzung und Nachwort v. Anni Carlsson, S. 107.

S. 50 »Denn solche Stellen begeistern in stillen Augenblicken zu einem Gebet …« – Christian Fürchtegott Gellert, zitiert nach: Johannes Andreas Cramer, Christian Fürchtegott Gellerts Leben. Leipzig: MG Weidemanns Erben und Reich 1774, S.193.

S. 56 *Dieser Ansatz, wahrlich, wäre geeignet, Mitleid in uns zu erregen* – »[Nach der Lektüre von Dostojewskis Briefen, Piper 1914]: Jetzt kenne ich ihn durch und durch.–Er war nicht liebenswürdig: nämlich er hatte Mitgefühl nur für jene, denen es schlecht geht. Das genügt nicht.« – Josef Popper-Lynkeus, Gespräche. Mitgeteilt von Margit Ornstein und Heinrich Löwy. Mit einem Vorwort von Dr. Julius Ofner. Wien und Leipzig: Löwit 1919. S. 30.

S. 69 *Kain für Nazi zu setzen* – das geschah in der Nachkriegslyrik der Deutschen wie der Israelis. So oft ich daran hinwies, so oft drückte man sich vor einer dichterischen wie moralischen Prüfung, die nicht länger umgangen werden darf.

S. 73 *Die Idee des Verrats ist eine aus dem Kuss geborene*; aber »unser ganzes Leben wird nur gewonnen, wo wir auch das noch aufnehmen, was uns vernichtet.« – Gertrud Kantorowicz, Vom Wesen der griechischen Kunst, herausgegeben und mit einem Nachwort versehen von Michael Landmann, Heidelberg/ Darmstadt: Lambert Schneider, 1961, S. 78.

S. 74 »Ich weiß, mein Lieber, nicht, was schwerer ist ... « – Nach dem Jiddischen des Dovid Einhorn. Zweimal Ach: man bedenke, dass Ach auf Hebräisch – Bruder; Mal'ach – Bote, also auch Engel bedeutet. Vgl.: Elazar Benyoëtz, Treffpunkt Scheideweg. München: Carl Hanser 1990, S. 141-144.

S. 75 »Jetzt, da die Geschicke es weigern, könnte ich es wohl. – Adalbert Stifter, Zwei Schwestern, in: Studien Bd 2, München: dtv 1975, S. 991.

S. 79 »Innerhalb des Judentums selbst erhebt sich ja immer stärker die Frage …« – Richard Müller-Freienfels, Psychologie des deutschen Menschen und seiner Kultur. Ein Volkscharakterologischer Versuch. München: C. H. Beck'sche Verlagsbuchhandlung Oskar Beck 1922, S. 217.

S. 87 »Frankreich wäre verloren gewesen, wenn seine nationale Idee versagt hätte …« – Friedrich Sieburg, Gott in Frankreich? Ein Versuch. Frankfurt a.M.: Societäts-Druckerei/Buchverlag 1929, S. 65.

S. 93 »Sind meine Lungen so beschaffen, dass ich atmen kann …« – Wilhelm Michel, Verrat am Deutschtum. Eine Streitschrift zur Judenfrage. Hannover und Leipzig: Paul Steegemann [1922], S. 43.

S. 100 »Gehetzt und gezischelt, Glut gelegt und ins Feuer geblasen« – Conrad Ferdinand Meyer, Das Amulett, Novelle. Stuttgart: Reclam 1950, S. 119.

S. 101 *Nicht ausgeschlossen, dass die Antisemitem die einzigen Semiten sind* – Siehe: Friedemann Spicker, Beziehungsweisen. Elazar Benyoëtz: Ein Porträt aus Briefen, Tübingen: Narr Francke Atempto 2019, S. 145/47 (Briefwechsel mit Hans-Martin Gauger).

S. 103 »Diese drei Sätze unterschreibe ich mit voller Überzeugung. « – Johann Friedrich Herbart, Über die gute Sache. Gegen Herrn Prof. Steffens [1819]. In: Ders, Kleinere philosophische Schriften und Abhandlungen. Hrsg. Gustav Hartenstein. zweiter Band. Leipzig 1842, S. 292.

S. 106 »Da siehst du, wie ich schreibe: wie lauter Hammerschläge!« – John Keats, Gedichte und Briefe. Aus dem Englischen übertragen und herausgegeben von H. W Häussermann, Zürich: Manesse 1950, S. 339.

S. 111 *In Erinnerung gedacht* – » … Vorher aber muss ich noch in München meine Abschiedsvorlesung halten, deren Titel schon feststeht: Chamissos Gedächtnis. Daher habe ich mich auch sehr gefreut, von Dir in neuer Gestalt Deine Gedanken zum Gedächtnis und zur Erinnerung zu lesen. Es sind gute und wahre Aphorismen, die auch, wie Du zu Recht schreibst, die innere Affinität zwischen Erinnerung und Aphorismus bezeugen. Es ehrt mich, wenn Du mir »In Erinnerung gedacht« widmen willst. Bei allen Aphorismen, die Du unter diesem Titel gruppiert hast, empfinde ich lebhafte und freudige Zustimmung.« Harald Weinrich, Paris, 30.6.1992.

S. 111 »Fünf mutige Vögel verpflanzen« – Christine Lavant, ICH HÖRE KOMMEN den schweren Mond. In: Spindel im Mond. Gedichte. Salzburg: Otto Müller 1959, S.139.

S. 126 »Dass ich als Jude schreibe ist die ganz undiskutierte Voraussetzung ...« – Franz Rosenzweig, Briefe und Tagebücher. Hrsg. v. Rachel Rosenzweig und Edith Rosenzweig-Scheinmann unter Mitwirkung v. Bernhard Caspar, 2.Bd, 1918-1929, Haag: Martinus Nijhoff 1979, S. 365.

S. 127 »Und bin mein eigener Besuch und bloß« – Jakob Haringer, Von den irdischen Uhren, in: Das Fenster. Gedichte. Zürich: Pegasus 1946, S. 99.

S. 127 »Pfeile, die mich gar nicht trafen« – Lope de Vega, Der Schwerenöter. Deutsch von Karl Vossler, in: Karl Vossler, Romanische Dichter. München: Piper 1956, S.101.

S. 129 »Tut, was ich von euch verlange.« – Die Söhne Tonatis. In: Konrad Theodor Preuss, Die Nayarit-Expedition. Textaufnahme und Beobachtungen unter mexikanischen Indianern... Leipzig: B. G. Teubner 1912, S. 104.

S. 129 »schwestersprache der edda, tochtersprache der bibel« – Rudolf Pannwitz, Unsere Sprache (Aus dem Nachlass). In: Ders. Eine Auswahl aus seinem Werk, herausgegeben von Erwin Jaeckle. Wiesbaden: Franz Steiner 1983, S.178.

S. 130 »Du bist mir im schnellen Einfall überlegen« – Hans Henny Jahnn, Die Nacht aus Blei. Roman. München dtv, 1962, S. 81.

S. 130 »Das Wirklichste an den wirklichen Juden ist …« – Jean-François Lyotard, Heidegger und »die Juden«. Aus dem Französischen v. Clemens-Caer Haerle Hrsg. von Peter Engelmann, Wien: Böhlau/ Edition Passagen 1988, S.11.

S. 131 »Judensprache hat etwas Pathetisches« – Goethe, Aus dem Nachlass; vgl.: Maximen und Reflexionen. Mit einem Nachwort von Paul Stöcklein. München: dtv, 1963, S.149.

S. 131 »und was ich sage, geschieht ... « – Hermann Broch, Mitte des Lebens. In: Ders., Gedichte. Herausgegeben und eingeleitet v. Erich Kahler. Zürich: Rhein Verlag 1953, S.156.

S. 136 »voll weisem Tiefsinn, aber ohne Gegenwart.« – sagte ein alter Zeitgenosse von Schelling. Vgl. Wilhelm Weischedel, Die philosophische Hintertreppe. München: dtv 1975, S. 202.

S. 137 »Mein Gedächtnis schleift ... « – Christine Lavant, ICH HÖRE KOMMEN den schweren Mond.

In: Spindel im Mond. Gedichte. Salzburg 1959, S. 139.

S. 137 »Du wirst hervorgerufen, und bewährt … « – Ludwig Uhland, Ernst: Herzog von Schwaben. Ein Trauerspiel in fünf Aufzügen. Schulausgabe mit Anmerkungen von Heinrich Weismann. Stuttgart 1887, S.13.

S. 138 »Unsere Sprache ist viele Male ... « – Rudolf Pannwitz, a.a.O., S. 178.

S. 139 »Der Zustand, in dem man dichten kann« – Christine Lavant an Helmut Scharf, Anfang 1959; zitiert nach: Ders. Versuchung der Sterne. Erzählungen und Briefe. Leipzig o.J. Ausgewählt und mit einem Nachwort versehen v. F. Israel, S. 205.

S. 141 »Aus dem, was Andere dichten ... « – Alfred Mombert an Rudolf G. Binding. Heidelberg, 10.9.1935, in: Alfred Mombert, Briefe 1893-1942. Ausgewählt und herausgegeben von B.J. Morse. Heidelberg/Darmstadt 1961, S.119.

S. 142 » ... Pierre Louys zum Beispiel« – Paul Valéry an Jean-Daniel Maublanc, 26.8.1926, in: Ders., Briefe. Übertragen von Wolfgang A. Peters, Wiesbaden: Insel 1954, S. 145.

S. 143 »Er hat Gedichte geschrieben, in denen viel über Gott steht …« – Arthur Holitscher, Rilkes Roman, in: Die neue Rundschau 21. Jg. 1910, Bd. 4, S. 1599–1603.

S. 144 »Aber es sind höchstens die kleinen Fehler …« – Ludwig Bamberger, Charakteristiken. Gesammelte Schriften II. Berlin 1894, S. 149.

S. 144 »Dich glüht dein Irrtum rein« – Ernst Stadler, Parzifal vor der Gralsburg, in: Dichtungen. Erster Band. Hrsg. v. Karl Ludwig Schneider. Hamburg: Ellermann [1954], S. 147.

S. 145 »Auch das Unaussprechliche wird ausgesprochen« – Rudolf Pannwitz, Unsere Sprache (Aus dem Nachlass). In: Ders. Eine Auswahl aus seinem Werk, herausgegeben von Erwin Jaeckle. Wiesbaden: Franz Steiner 1983, S. 180.

S. 147 »Jeden Morgen zu Gott beten… « – Charles Baudelaire, Raketen. Die beiden Tagebücher nebst autobiographischem Entwurf. Hrsg. und eingeleitet v. Erich Oesterheld. Berlin: Oesterheld 1909, S. 58.

S. 151 »Ich persönlich hege tiefen Abscheu vor den Erregten« – Paul Claudel an André Gide, Kuliang, 7.8 [1903]. In: Paul Claudel/ André Gide Zweifel und Glaube. Briefwechsel 1899–1926. Deutsch von Yvonne Gräfin Kanitz. München: dtv 1965, S. 48.

S. 152 »Derjenige, der sich mit Einsicht... « – Goethe, Maximen und Reflexionen. Mit einem Nachwort von Paul Stöcklein. München: dtv, 1963, S. 133.

S. 152 »Wer hätte mit mir Geduld haben sollen… « – Goethe, a.a.0., S.108.

S. 153 »Es riecht nach Sonne in Sägespänen. « – Albin Zollinger, Sonntag. Zitiert nach: Curt Hohoff (Hrsg.), Flügel der Zeit. Deutsche Gedichte 1900–1950. Frankfurt a.M.: S. Fischer 1956, S. 118.

S. 153 »Wissen Sie, wie mir ein Buch … « – Anemone Bekemeier an EB. Berlin, 17.6.1991.

S. 155 »Lass uns die widrige Torheit ... « – Ernst Fuhrmann, Das Fehlende. (Dialog zwischen Quirin und Erasmus), in: Schriften II, Hamburg 1914, S. 204.

S. 156 »Was liegt nicht alles in unserer Zeit!« – Ferdinand Freiligrath an Ernst Kapp, Barmen, 11.Juli 1838; vgl.: Wilhelm Büchner, Ferdinand Freiligrath. Ein Dichterleben in Briefen. Lahr: Moritz Schauenburg 1881, Bd. I., S. 276.

S. 156 »Ich habe noch so viele andere Igel...« – Hermann Lotze an seinen Verleger Salomon Hirzel, 5.1.1852. Vgl.: Richard Falckenberg, Hermann Lotze. Erster Teil: Das Leben und die Entstehung der Schriften nach den Briefen. Stuttgart: F. Frommann 1901, S. 41.

S. 157 »O Angesicht! wer deine Rätsel löste« – Margarete Susman, Das Angesicht, in: Aus sich wandelnder Zeit. Gedichte. Zürich: Diana 1953.

S. 158 »Eilend über Erdenkrume« – Gertrud Kolmar, Rousseau und der Jüngling. In: Das Lyrische Werk. Mit einem Nachwort von Jacob Picard. Heidelberg: Lambert Schneider 1955, S. 210.

S. 158 »Die Sprache gibt den Namen« – Rudolf Pannwitz, Eine Auswahl aus seinem Werk, herausgegeben von Erwin Jaeckle. Wiesbaden: Franz Steiner 1983, S.177.

S. 158 »Die Namens-Schöpfung ist ... « – Alfred Mombert an Emanuel von Lešehrad, Heidelberg, 27.5.1935. In: Alfred Mombert, Briefe 1893–1942. Ausgewählt und herausgegeben von B.J. Morse. Heidelberg/Darmstadt: Lambert Schneider 1961, S.117.

S. 158 »Man kann unmöglich einen Namen erfinden« –

Honoré de Balzac, vgl.: Der intime Balzac. Anekdoten. Nach dem Französischen des Léon Gozlan von Ossip Kalenter. Mit einem Nachwort von Arthur Schurig. Hannover: Paul Steegemann 1922, S. 85.

S. 159 »Die Namen der Engel«, vgl. Raschi zu Genesis 32,30: »Wir haben keinen bestimmten Namen, unsere Namen ändern sich stets nach dem Gebot des Dienstauftrags, zu dem wir geschickt werden.«

S. 160 »Nicht Element, nur Testament« – Oskar Loerke, Ganz frei. In: Gedichte. Ausgewählt v. Wilhelm Lehmann, Frankfurt a.M.: S. Fischer 1968, S.149.

S. 161 »Ich habe bis jetzt meine Erinnerungen nur ganz allein genossen …« – Charles Baudelaire, Raketen, Die beiden Tagebücher nebst autobiographischem Entwurf. Hrsg. und eingeleitet v. Erich Oesterheld. Berlin: Oesteheld 1909, S. 62.

S. 162 »Fallen ist keine große Sünde, aber liegen bleiben.« – Christoph Lehmann's Blumengarten – Berlin: Carl Dunker's Verlag (C. Heymons) 1879. S. 98.

S. 162 »Die Ewigkeit beschäftigt jene, die Zeit zu verlieren haben.« – Paul Valéry, zitiert nach: Karl Löwith, Aufsätze und Vorträge 1930-1970, Stuttgart: Kohlhammer 1971, S.104.

S. 163 »Aber der Judaeus Apella, über den [...] Horaz« (Sat. I,5,105) – Ernest Renan, Die Apostel. Aus dem französischen David Haek. Leipzig: Reclam [1894]. S.126.

S. 163 *Psalm 22, 11 in Bubers Verdeutschung*

S. 165 »Nun redet zu ihm liebevoll seine Mutter« – Die Auferstehung und Himmelfahrt Sautaris. In: Konrad Theodor Preuss, Die Nayarit-Expedition. Textaufnahme und Beobachtungen unter Mexikanischen Indianern … Leipzig: B.G. Teubner 1912, S.111.

S. 175 »Gottes schaffende Hand ... « – Ricarda Huch, Der Sinn der Heiligen Schrift. Leipzig: Insel 1919, S. 24.

S. 178 »Erst durch die Entindividualisierung wird etwas wahr.« – Franz Rosenzweig, Briefe und Tagebücher. Hrsg, v. Rachel Rosenzweig und Edith Rosenzweig-Scheinmann unter Mitwirkung v. Bernhard Caspar 2.Bd, 1918-1929, Haag: Martinus Nijhoff, 1984. S. 800.

S. 179 »Wir verstanden einander durch bloße Blicke, wir sahen uns an und wussten, was in uns vorging …« – Heinrich Heine, Briefe. Hrsg. von Hans Daffis, Berlin: Pan-Verlag 1911, S. 320.

S. 184 »Ich bin nicht Gott. Ich kann nicht alles ... « – Aron David Gurewitsch, Zur Grundlegung einer Synthese des Daseins. Aus dem Nachlass hrsg. v. Maria Gurewitsch. Zürich und Leipzig: Rascher 1935, S.142.

S. 185 »Wer in dieser Zeit ...« –Broch, Gedichte. Herausgegeben und eingeleitet v. Erich Kahler. Zürich: Rhein-Verlag 1953, S.147.

S. 186 »Hörst du, Nackter« – Alfred Mombert, Aus dem Gedicht »Mein Haus erbaut am Strom«; vgl.: Ders., Dichtungen. Gedicht-Werke. Gesamtausgabe in drei Bänden. Hrsg. v. Elisabeth Herberg. München: Kösel 1963, Bd. 1, 432f.

S. 187 »Einst, vor Jahrhunderten ... « – Friedrich Heinrich Jacobi, Allwills Briefsammlung, in: Ders., Werke, Bd. 1, Leipzig: Gerhard Fleischer der Jüngere 1812, S.152.

S. 190 » ...und quer durchs Gebet« – Christine Lavant, DU FÜTTERST DAS LAMM, das ich brauche. In: Spindel im Mond. Gedichte. Salzburg: Otto Müller 1959, S.116.

S. 192 »Die Traurigkeit ist die Nachbarin des Wahnsinns« – Antiphanes, zitiert nach: Heimeran, Ernst / Hofmann, Michael (Hrsg.): Antike Weisheit. Eine Sammlung lateinischer und griechischer Gedanken Urtext und Übersetzung. Ein Band der Tusculum-Bücher Zweisprachigen Ausgaben. München: Heimeran 1937, S. 129.

S. 198 »Ob ich in den Propheten lese, ob von Babylon und den Persern ...« – Joseph Bernhart, Bonifatius. Apostel der Deutschen. Paderborn: Verlag der Bonifacius-Druckerei [1950]. S. 18.

S. 203 »Ende des Schreibens. Wann wird es mich wieder aufnehmen? ...« – Franz Kafka, Tagebücher 1910 – 1923. S. Fischer Verlag, Lizenz Aufgabe von Schocken Books New York 1949, S. 458.

S. 209 »Ihr lebt ja, ihr Toten, ihr lebt; denn heut lebe ich« – Gertrud Kolmar, Die großen Puritaner, in: Die lyrischen Werke. Heidelberg/Darmstadt: Lambert Schneider 1955, S. 221.

S. 209 »Daß tote Menschen Gespenster werden« – Georg Simmel, Aus dem nachgelassenen Tagebuch, abgedruckt in: NZZ Nr. 647 v. 20.10.1968, S. 50.

S. 217 »Sorge dafür, dass nichts unvollständig zitiert wird!« – W. G. Hamilton, Taktik und Rhetorik. Deutsch übertragen v. R. v. Mohl. Heidelberg: Richard Weißbach 1924, S.19, 18.

S. 233 »*Aber* noch einmal« – Harald Weinrich: »Lieber Freund Elazar, ***Aberwenndig***, Dein Buch ist jetzt in meinen Händen. Erlaube mir bitte, dass ich in diesem Moment noch einmal an die Auszeichnung des Chamisso-Preises zurückdenke, die Du ja ebenfalls mit Deinem Leben verdient hast. Das gerät nicht in Vergessenheit, auch wenn die Bosch-Stiftung, wie Du sicher weißt, den Preis nicht mehr verleihen will – ein großer Fehler. Dazu wäre im Allgemeinen noch manches zu sagen. Aber nachdem ich nun Dein Lebensbuch ***Aberwenndig*** gelesen habe, weiß ich noch besser als vorher, dass Du auch schon jenen Preis in ganz besonderer Weise mit Deinem Leben verbunden hast, aber nicht nur durch Deine Zu-Wendung zur deutschen Sprache und Literatur, sondern mehr noch zu ihrer Aber- Zuwendung. Diese Bindung und Kettung zeichnen Dich von allen anderen Trägern dieses Preises aus.«

Ich denke, Du merkst hier, dass ich diese Zeilen unter dem unmittelbaren Eindruck der neuen Lektüre geschrieben habe. Denn erst jetzt steht mir vollkommen klar vor Augen, welche eingreifende Lebenswendung Du mit Deinem Gang nach Berlin 1963 genommen hast. Das ist ja wohl das große »*Aber*« gewesen, das Du auf Dich genommen und überwunden hast. Danke für Dein Ja zum Aber«. Dein Harald

Münster, 14.2.2018

Scheidewerk

Du kannst mich lesen wie einen Rosenzweig,
auch wie einen Rosenstock
oder Benjamin,
der kein gebrochener,
aber auch kein bruchloser Jude war,
und aufs Ganze gesehen:
fast nichts wollte als Durchgänge finden
und dahinterkommen.

Ich komme von der anderen Seite,
der todumwitterten Euphorie
verfallen.
Ich wollte kein deutscher Dichter sein,
auch kein deutscher Jude werden –
ich wollte, aus dem Hebräischen heraus,
das Jüdisch-Deutsche neu erschaffen,
da es weder aufzuwecken
noch zu wiederholen war.
Einmal und nie wieder,
einmal und nie wieder.
Nie wieder
Aber noch einmal

DIE IM BUCH ZITIERTEN

Antiphanes 192, 234

Balzac, Honoré de 158, 232
Bamberger, Ludwig 144, 229
Baudelaire, Charles 31, 147, 161, 222, 230, 232
Bernhart, Joseph 198, 234
Broch, Hermann 131, 185, 228, 233

Christina von Schweden 50, 224
Claudel, Paul 151, 230
Czepko, Daniel 183, 200

Einhorn, Dovid 74, 225

Fontane, Theodor 50, 221
Freiligrath, Ferdinand 156, 231
Fuhrmann, Ernst 155, 231

Gellert, Christian Fürchtegott 50, 224
Goethe, Johann Wolfgang 131, 152, 228, 230
Gurewitsch, Aron David 184, 233

Hamilton, William Gerard 217, 234
Haringer, Jakob 127, 227
Hebbel, Friedrich 153
Heimann, Moritz 149
Heine, Heinrich 41, 79, 179, 223, 233
Herbart, Johann Friedrich 103, 226
Hofmiller, Josef 25, 221
Holitscher, Arthur 143, 229
Huch, Ricarda 175, 233

Jacobi, Friedrich Heinrich 187, 233
Jahnn, Hans Henny 130, 228
Joubert, Joseph 203

Kafka, Franz 136, 203, 234
Kant, Immanuel 8, 220
Kantorowicz, Gertrud 225
Keats, John 106, 226
Kolmar, Gertrud 158, 209, 231, 234
Kronberg, Simon 42, 223

Lavant, Christine 17, 111, 137, 139, 190, 220, 227, 228, 229, 234
Lehmann, Christoph 162, 232
Lessing, Gotthold Ephraim 29, 221
Liebenthal, Ite 37, 222

Loerke, Oskar 160, 232
Lotze, Hermann 156, 231
Ludwig, Otto 18, 221
Lyotard, Jean-François 130, 228

Meyer, Conrad Ferdinand 100, 226
Michel, Wilhelm 93, 226
Mombert, Alfred 141, 158, 186, 229, 231, 233
Müller-Freienfels, Richard 39, 79, 223, 225
Musonius 5, 219

Ovid 7, 219

Pannwitz, Rudolf 138, 145, 158, 218, 228, 229, 230, 231
Popper-Lynkeus, Josef 224

Renan, Ernest 163, 232
Rivarol, Antoine de 23, 221
Rosenzweig, Franz 36, 53, 64, 126, 159, 178, 219, 222, 227, 233, 236

Sartre, Jean-Paul 26, 221
Schickele, René 17, 221
Schiller, Friedrich 13, 149, 153
Schlegel, Friedrich 220
Schmid, Carlo 33, 222
Simmel, Georg 209, 234
Stadler, Ernst 144, 230
Steffens, Henrik 103, 226
Steiner, Franz Baermann 8, 31, 218, 220, 222
Stifter, Adalbert 75, 225
Susman, Margarete 157, 231

Tieck, Ludwig 20, 221
Trost, Lazarus 143, 182

Uhland, Ludwig 137, 229

Valéry, Paul 142, 162, 229, 232
Vega, Lope de 127, 227

Wasmuth, Ewald 14, 220
Weinrich, Harald 111, 227, 235

Xenophantes 14, 220

Zemp, Werner 220
Zollinger, Albin 153, 230
zur Linde, Otto 38, 223

INHALT

Vor 11
Kain oder: Woche der Brüderlichkeit 31
Sem und Semele oder: Die Morgenröte der Nation 83
In Erinnerung gedacht 111
Skrupel 127
K[oppel] oder: Die fehlgeleitete Initialzündung 133
Dellyrisch 149
Das älteste Spiel mit dem Feuer oder: Credo 163
Anmerkungen 217
Die im Buch Zitierten 237